Mathématique

2e année du 2e cycle du primaire

CAMÉLÉON

Cahier d'apprentissage D

Chantal Bergeron
Karina Sauvageau

LES ÉDITIONS
CEC
Une compagnie de Quebecor Media

9001, boul. Louis-H.-La Fontaine, Anjou (Québec) Canada H1J 2C5
Téléphone : 514-351-6010 • Télécopieur : 514-351-3534

Direction de l'édition
Claude Fortin

Direction de la production
Danielle Latendresse

Direction de la coordination
Rodolphe Courcy

Charge de projet
Johanne Chasle

Révision linguistique
Marie Auclair

Correction d'épreuves
Sabine Cerboni

Conception graphique

matteau parent
graphisme et communication
Chantale Richard-Nolin

Réalisation technique

matteau parent
graphisme et communication
Geneviève Guérard

Illustrations
Frédérick Fontaine
Jean Morin
Marc Chouinard

REMERCIEMENTS

Les auteures et l'Éditeur tiennent à remercier les personnes suivantes pour leurs commentaires et leurs suggestions au cours de la rédaction de ce cahier.

Consultation scientifique
Raymond Forget, conseiller pédagogique et enseignant à la retraite

Consultation pédagogique
Martine Gagnon, enseignante
à la Commission scolaire de l'Énergie
Brigitte Laflamme, enseignante
à la Commission scolaire de la Beauce-Etchemin

Dans cet ouvrage, la féminisation des titres des fonctions et des textes est conforme aux règles d'écriture proposées par l'Office de la langue française dans le guide *Au féminin*, produit par Les Publications du Québec, 1991.

Caméléon, Cahier d'apprentissage D
© 2010, Les Éditions CEC inc.
9001, boul. Louis-H.-La Fontaine
Anjou (Québec) H1J 2C5

Dépôt légal : 2010
Bibliothèque et Archives nationales du Québec
Bibliothèque et Archives Canada

ISBN 978-2-7617-3108-9

Imprimé au Canada
1   2   3   4   5   14   13   12   11   10

Sources iconographiques

ShutterStock

1 © 12223693, 6710794, 39668788, 12990454 ;
2 © 6710794, 39668788, 12990454 ;
5 © 6710794 ; **7** © 990890 ; **8** © 990890 ;
9 © 6710794, 39668788, 12990454 ;
11 © 6710794 ; **13** © 990890 ; **14** © 6710794, 39668788, 12990454 ; **15** © 6710794 ;
17 © 27003940 ; **20** © 6710794, 39668788, 12990454 ; **22** © 6710794 ; **23** © 990890 ;
24 © 990890 ; **25** © 27003940 ; **26** © 990890 ;
27 © 6710794, 39668788, 12990454 ;
29 © 6710794 ; **31** © 6710794, 39668788, 12990454 ; **32** © 6710794 ; **33** © 990890 ;
35 © 24216205 ; **38** © 40909945, 40225243, 25853656 ; **39** © 40909945, 40225243, 25853656 ; **40** © 40909945 ; **41** © 36499264 ;
42 © 40909945, 40225243, 25853656 ;
43 © 40909945 ; **45** © 41335099 ;
46 © 40909945, 40225243, 25853656 ;
47 © 40909945, 41335099 ; **49** © 34258999 ;
50 © 40909945, 40225243, 25853656 ;
51 © 10424479 ; **52** © 40909945 ;
54 © 40909945, 40225243, 25853656 ;
55 © 40909945, 41335099 ; **56** © 34258999 ;
57 © 41335099 ; **60** © 40909945, 40225243, 25853656 ; **61** © 40909945 ; **62** © 34258999 ;
63 © 41335099 ; **65** © 40909945, 40225243, 25853656 ; **66** © 40909945, 34258999 ;
70 © 40909945, 40225243, 25853656 ;
73 © 40909945, 40225243, 25853656 ;
74 © 40909945 ; **75** © 34258999 ; **76** © 41335099 ;
77 © 41335099

LETTRE À L'ÉLÈVE

Bonjour !

Je m'appelle Caméléon.

Dans ce cahier, je t'invite à explorer le monde magique de la mathématique.

Joins-toi à Zachary, à Rachel et à moi-même pour vivre de grandes aventures.

Tu verras, apprendre en s'amusant, c'est possible !

Avec le concours de mes amis, je vais t'aider tout au long de ce voyage à approfondir tes connaissances et à acquérir de l'autonomie dans tes apprentissages.

Je vais également te proposer des trucs pour maîtriser les savoirs qui sous-tendent les diverses activités d'apprentissage et situations-problèmes de ce cahier.

Alors, sans plus tarder, place à l'aventure !

BIENVENUE DANS LE MONDE DE CAMÉLÉON!

Accompagne Rachel, Zachary et leur caméléon dans de grandes aventures! Comme tu le verras, leur caméléon est très malin. Grâce aux différentes astuces qu'il te propose, tu trouveras qu'il est facile d'étudier les mathématiques. Apprendre en s'amusant, c'est possible avec CAMÉLÉON.

Structure et organisation du cahier d'apprentissage

Le cahier d'apprentissage *Caméléon* est une ressource essentielle au développement des compétences ciblées par le programme de mathématique de la 2e année du 2e cycle du primaire. Ce cahier présente, entre autres, des notions théoriques, des activités d'apprentissage variées et des situations-problèmes concrètes liées aux concepts abordés. On trouve également un glossaire à la fin du cahier.

Les deux thèmes du cahier sont:

RENDEZ-VOUS SPORTIF • Des édifices et des bâtisseurs

Chaque thème est divisé en unités présentant les rubriques suivantes:

SAVAIS-TU QUE…

La capsule « Savais-tu que… » donne un supplément d'information sur certains sujets traités dans le thème. Le contenu de cette capsule peut servir de repère culturel en lien avec les mathématiques.

L'encadré théorique

Des notions théoriques complètes et détaillées sont présentées dans un encadré. On y trouve des documents visuels variés et des astuces favorisant l'apprentissage des mathématiques.

SOUVIENS-TOI QUE…

La rubrique « Souviens-toi que… » permet de réviser les notions mathématiques abordées au 1er cycle ou dans des thèmes précédents.

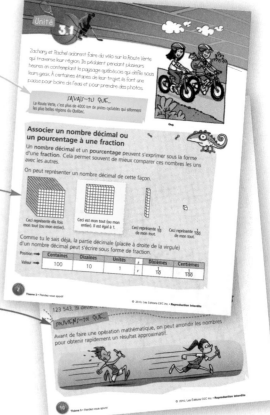

À TOI DE JOUER...

La rubrique « À toi de jouer… » propose des activités d'apprentissage variées permettant à l'élève de vérifier, de structurer et de consolider sa compréhension des notions mathématiques abordées.

Les rubriques « Petits défis » et « Grands défis » proposent des activités d'apprentissage ayant un niveau de difficulté un peu plus élevé.

Situation d'application

SITUATION-PROBLÈME

Dans cette rubrique, l'élève élabore des stratégies de résolution d'un problème. Cela lui permet de faire la synthèse de certaines notions théoriques abordées dans les unités précédentes.

Chaque situation-problème est répartie sur deux pages et sa durée est généralement de une période.

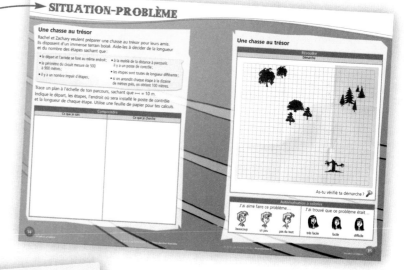

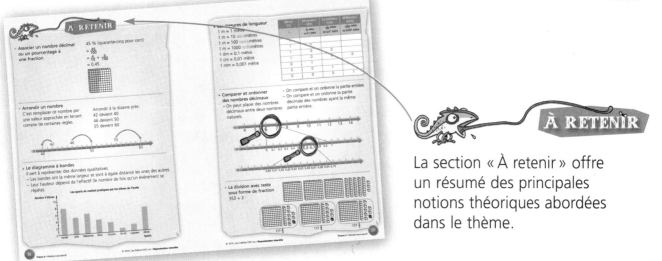

À RETENIR

La section « À retenir » offre un résumé des principales notions théoriques abordées dans le thème.

Structure et organisation

TABLE DES MATIÈRES

RENDEZ-VOUS SPORTIF

« Comme ils se soucient de leur santé, Rachel et Zachary aiment pratiquer plusieurs sports et encourager leurs amis lors de rencontres sportives amicales. Quelques athlètes sont même au rendez-vous !

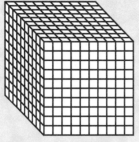

Unité 3.1

Zachary et Rachel adorent faire du vélo sur la Route Verte qui traverse leur région. Ils pédalent pendant plusieurs heures en contemplant le paysage québécois qui défile sous leurs yeux. À certaines étapes de leur trajet, ils font une pause pour boire de l'eau et pour prendre des photos.

SAVAIS-TU QUE...

La Route Verte, c'est plus de 4000 km de pistes cyclables qui sillonnent les plus belles régions du Québec.

Associer un nombre décimal ou un pourcentage à une fraction

Un **nombre décimal** et un **pourcentage** peuvent s'exprimer sous la forme d'une **fraction**. Cela permet souvent de mieux comparer ces nombres les uns avec les autres.

On peut représenter un nombre décimal de cette façon.

Ceci représente dix fois mon tout (ou mon entier).

Ceci est mon tout (ou mon entier). Il est égal à 1.

Ceci représente $\frac{1}{10}$ de mon tout.

Ceci représente $\frac{1}{100}$ de mon tout.

Comme tu le sais déjà, la partie décimale (placée à droite de la virgule) d'un nombre décimal peut s'écrire sous forme de fraction.

Position ⊪➡	Centaines	Dizaines	Unités	,	Dixièmes	Centièmes
Valeur ⊪➡	100	10	1	,	$\frac{1}{10}$	$\frac{1}{100}$

Exemples :

Nombre décimal sous forme de fraction	On peut le représenter ainsi :
$0,3 = 3 \times \frac{1}{10}$ ou $\frac{1}{10} + \frac{1}{10} + \frac{1}{10}$ $0,3 = \frac{3}{10}$ (trois dixièmes) On peut aussi écrire : $0,3 = 0,30$ (le 0 à la fin de la partie décimale n'est pas nécessaire, mais il permet d'obtenir l'équivalent en centièmes). $0,30 = 30 \times \frac{1}{100}$ $0,30 = \frac{30}{100}$ (trente centièmes)	
$0,03 = 3 \times \frac{1}{100}$ $0,03 = \frac{3}{100}$ (trois centièmes)	
$0,45 = 45 \times \frac{1}{100}$ $0,45 = \frac{45}{100}$ (quarante-cinq centièmes)	
Si on a une partie entière : $1,20 = 1 \frac{20}{100} = 1 \frac{2}{10} = \frac{12}{10}$	
$5,37 = 5 \frac{37}{100}$	

Le pourcentage veut dire « divisé par cent » ou « sur cent ». C'est une autre façon d'écrire un nombre sous la forme d'une fraction dont le dénominateur est 100. Le symbole du pourcentage est %, et on le nomme « pour cent ».

Exemples :

30 % (trente pour cent) = $\frac{30}{100}$ = $\frac{3}{10}$

45 % (quarante-cinq pour cent) = $\frac{45}{100}$ = $\frac{4}{10}$ + $\frac{5}{100}$

24 % (vingt-quatre pour cent) = $\frac{24}{100}$ = $\frac{2}{10}$ + $\frac{4}{100}$

1 Colorie les nombres décimaux suivants et associe-les à la fraction équivalente.

a) 0,25

$\dfrac{5}{10}$

b) 1,7

$\dfrac{15}{100}$

c) 0,5

$\dfrac{225}{100}$

d) 0,15

$1\dfrac{7}{100}$

e) 1,07

$1\dfrac{7}{10}$

f) 2,25

$\dfrac{25}{100}$

2 Colorie les pourcentages suivants et associe-les à la fraction équivalente.

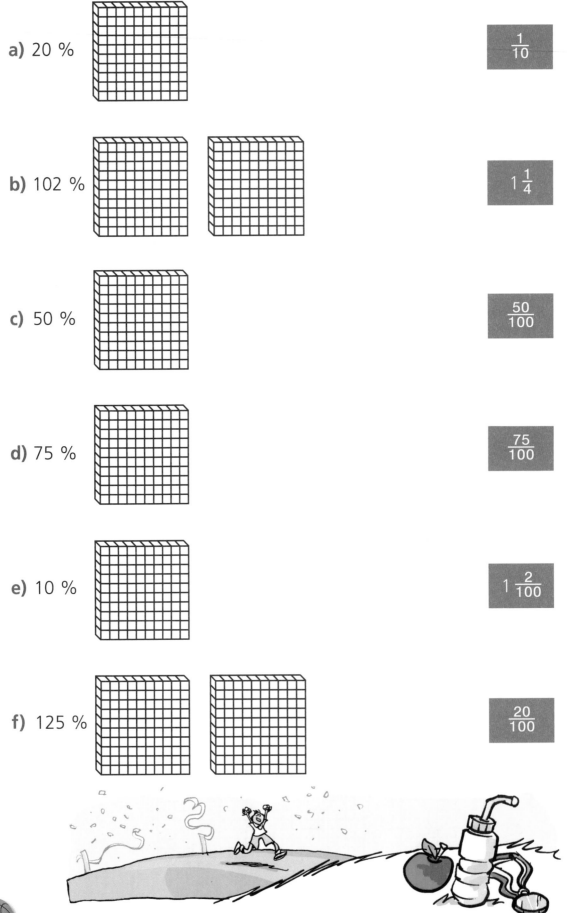

a) 20 %

$\dfrac{1}{10}$

b) 102 %

$1\dfrac{1}{4}$

c) 50 %

$\dfrac{50}{100}$

d) 75 %

$\dfrac{75}{100}$

e) 10 %

$1\dfrac{2}{100}$

f) 125 %

$\dfrac{20}{100}$

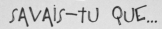

3 Lors de leur escapade à vélo, Rachel et Zachary ont prévu de s'arrêter pour boire de l'eau une fois qu'ils auront parcouru respectivement 50 %, 0,13 et $\frac{75}{100}$ du trajet.

Sur la carte, ils ont vu que lorsqu'ils auront parcouru 25 % du trajet, ils trouveront un bel endroit pour pique-niquer. Finalement, aux $\frac{4}{10}$ et au 0,6 du même trajet, ils feront une pause pour prendre des photos. Remplis le tableau suivant.

		Nombre décimal	Fraction	Pourcentage
a)	Boire			50 %
b)	Boire	0,13		
c)	Boire		$\frac{75}{100}$	
d)	Pique-niquer			25 %
e)	Photographier		$\frac{4}{10}$	
f)	Photographier	0,6		

4 La portion de droite numérique suivante représente le trajet parcouru par nos deux amis. Places-y les lettres de la question précédente dans l'ordre où Zachary et Rachel feront leurs pauses.

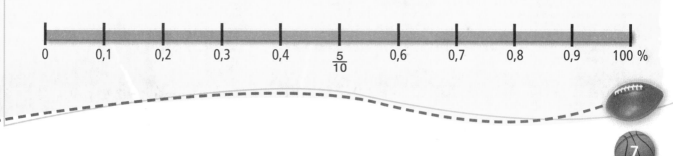

| 0 | 0,1 | 0,2 | 0,3 | 0,4 | $\frac{5}{10}$ | 0,6 | 0,7 | 0,8 | 0,9 | 100 % |

5 Lors de leur pique-nique, Rachel et Zachary comparent leur repas. Rachel a 55 % de légumes, 16 % de fruits, 5 % de viande, 15 % de produits laitiers et 9 % de céréales. Zachary a 0,44 de légumes, 0,24 de fruits, 0,09 de viande, 0,13 de produits laitiers et 0,1 de céréales.

Vrai ou faux ?

a) Rachel a plus de viande que Zachary.

◯ Vrai ◯ Faux

Justification : _____

_____

_____

b) Zachary a moins de céréales que Rachel.

◯ Vrai ◯ Faux

Justification : _____

_____

_____

c) Rachel mange plus de fruits et de légumes au total que Zachary.

◯ Vrai ◯ Faux

Justification : _____

_____

_____

d) Si Zachary consommait $\frac{2}{100}$ de produits laitiers de plus, il en consommerait autant que Rachel.

◯ Vrai ◯ Faux

Justification : _____

_____

_____

Zachary et Rachel aiment bien la course à pied. Sans avoir à utiliser beaucoup d'équipement, cette activité leur permet de prendre l'air, de se tenir en forme et de se lancer des défis. Ils calculent leur temps au chronomètre et mesurent leurs progrès.

Arrondir un nombre

Arrondir un nombre consiste à remplacer ce nombre par une valeur approchée en tenant compte de certaines règles. Si on le plaçait sur une droite numérique, on regarderait de quel nombre il est le plus près. Par convention, si le chiffre placé à droite de la position à laquelle on veut arrondir est plus grand que 5 ou égal à 5, on l'arrondit au nombre supérieur.

Exemples :

Si on arrondit les nombres 42, 46 et 55 à la dizaine près, 42 devient 40 ; 46 devient 50 ; 55 devient 60.

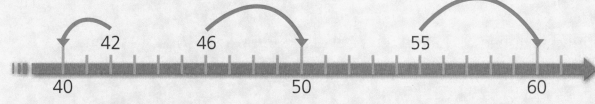

Si on arrondit 449, 550 et 673 à la centaine près, 449 devient 400 ; 550 devient 600 ; 673 devient 700.

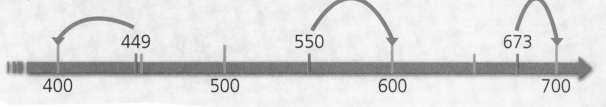

Comme on ne peut dessiner une droite numérique chaque fois qu'on veut arrondir un nombre, on suit la procédure suivante.

Exemple :

Arrondir un nombre à la centaine près	2347	2361	2959,89
1.	On regarde le chiffre qui est placé à la droite de la position à laquelle on veut arrondir.	23⏜47	23⏜61	29⏜59,89
2.	Si le chiffre est 0, 1, 2, 3 ou 4, on le remplace par 0, ainsi que tous les autres chiffres qui sont placés à sa droite.	2 3 4 7 ↓↓ 0 0 2 3 0 0		
3.	Si le chiffre est 5, 6, 7, 8 ou 9, on le remplace par 0, ainsi que tous les autres chiffres qui sont placés à sa droite. On augmente de 1 le chiffre à la position à laquelle on arrondit.		2 3 ⑥ 1 +1 ↓ ↓ ↓ 2 4 0 0	2 9 ⑤ 9,8 9 +1 ↓ ↓ ↓ ↓ ↓ 3 0 0 0,0 0
4.	Si c'est un nombre décimal, on élimine tous les chiffres qui sont placés après la virgule.			↓ ↓↓ 0̶0̶ 3 0 0 0

Si on arrondit un nombre décimal au dixième près, on élimine les centièmes, tout en tenant compte de la procédure décrite ci-dessus.

Exemple :

123 543,39 devient 123 543,4

SOUVIENS-toi QUE...

Avant de faire une opération mathématique, on peut arrondir les nombres pour obtenir rapidement un résultat approximatif.

1 Zachary et Rachel ont chronométré leur entraînement de course à pied chaque jour de la semaine, mais ils n'ont pas le même chronomètre : celui de Rachel n'indique pas les dixièmes de seconde. Pour comparer leurs performances, Zachary décide donc d'arrondir ses temps de course à l'unité près. Aide-le en remplissant le tableau suivant.

Jour	Temps réel	Temps arrondi
Lundi	328,29 secondes	secondes
Mardi	349,37 secondes	secondes
Mercredi	419,61 secondes	secondes
Jeudi	200,08 secondes	secondes
Vendredi	165,52 secondes	secondes

2 Zachary a mesuré précisément la longueur des pistes d'entraînement du centre sportif de son quartier pour calculer les distances qu'il est possible de parcourir. Voici ces distances :

521 mètres • 77 mètres • 209 mètres • 438 mètres • 334 mètres

a) Zachary a fait la somme des distances qu'il est possible de parcourir, puis il a arrondi sa réponse à la dizaine de mètres près. Quelle somme arrondie a-t-il obtenue ?

Espace pour tes calculs :

b) Rachel a plutôt décidé d'arrondir toutes les distances à la dizaine de mètres près puis de faire la somme. Quelle somme obtient-elle ?

Espace pour tes calculs :

_____

_____

c) Que remarques-tu quand tu compares les résultats de Zachary à ceux de Rachel ?

_____

3 Rachel est chargée d'acheter un goûter pour la course à vélo de montagne que Zachary et elle organisent pour leurs amis. Elle a 20 $ et elle se demande si elle aura assez d'argent. Aide-la à calculer rapidement le total de ses achats en arrondissant les montants au dollar près.

Graines de tournesol :
4 sacs à 1,44 $ chacun
Pommes : 1 sac à 2,99 $
Fromage en grains :
3 sacs à 2,64 $ chacun
Jus de fruits :
3 bouteilles à 67 ¢ chacune

Comprendre		Résoudre
Ce que je sais	Ce que je cherche	Ce que je fais
		As-tu vérifié ta démarche ?

Réponse complète : _____

_____

4 Zachary veut planifier les étapes de la course de vélo de montagne.
La distance à parcourir à la 1re étape sera de 358 m, de 424 m à la 2e étape,
de 215 m à la 3e étape et de 278 m à la dernière étape.

a) Estime la longueur de la course
en arrondissant les nombres
à la centaine près.

Espace pour tes calculs :

_____

_____

b) Calcule la longueur exacte
du trajet à parcourir.

Espace pour tes calculs :

_____

_____

c) Pourquoi les réponses données en a) et en b) ne sont-elles pas identiques ?
Discutes-en avec un ami et écris tes conclusions.

_____

_____

_____

_____

_____

_____

_____

Nos deux amis veulent organiser une journée d'information où des athlètes viendront parler de leur passion. Pour choisir les invités, Zachary et Rachel veulent connaître les sports qui intéressent le plus leurs amis.

Le diagramme à bandes

Le diagramme à bandes est utilisé pour représenter des **données qualitatives**, c'est-à-dire des données qui ne prennent pas de valeur numérique. On pense par exemple à un sport préféré, à un dessert préféré ou à la couleur des yeux des élèves de la classe. Les bandes peuvent être verticales ou horizontales.

Pour construire un **diagramme à bandes**, il faut suivre les étapes suivantes.

1. Sur une feuille quadrillée, tu traces un **axe horizontal** → à l'aide de ta règle.

2. À l'aide de ta règle, tu traces un **axe vertical** ↑.

3. Tu donnes un titre à chacun des 2 axes.

   - Pour un diagramme à bandes verticales

     Sur l'axe horizontal, tu écris les données qualitatives. Sur l'axe vertical, tu écris les effectifs (par exemple, le nombre de personnes) en fonction du pas de graduation.

   - Pour un diagramme à bandes horizontales

     Sur l'axe vertical, tu écris les données qualitatives. Sur l'axe horizontal, tu écris les effectifs (caractère statistique quantitatif d'un échantillonnage donné) en fonction du pas de graduation.

4. À partir du tableau de données, tu dessines les bandes. La hauteur de la bande dépend de la taille des effectifs. Les bandes doivent être d'égale largeur et également espacées.

5. Tu identifies les bandes.

6. Donne un titre à ton diagramme.

Exemple :

Le dessert préféré des élèves de 2e cycle	
Dessert préféré	Nombre d'élèves
Gâteau au chocolat	16
Tarte aux pommes	4
Salade de fruits	11
Crème glacée	8
Gâteau au fromage	9

À TOI DE JOUER...

1 Rachel et Zachary ont demandé à leurs amis quelle était leur journée préférée pour pratiquer leur sport favori.

Ma journée préférée pour pratiquer un sport

a) Quelles sont les deux journées préférées des amis de Zachary et Rachel pour pratiquer leur sport ?

_____

b) Quelle est la journée la moins appréciée ? _____

c) Combien de personnes préfèrent le mardi ? _____

d) Au total, combien de personnes préfèrent le lundi et le mercredi ?

_____

2 Après avoir demandé à leurs amis quel était leur sport préféré, Zachary et Rachel ont collecté les données suivantes.

Le sport préféré des amis de Rachel et Zachary	
Sport préféré	Nombre d'amis
Baseball	4
Soccer	12
Hockey	13
Tennis	6
Karaté	5

a) Trace un diagramme à bandes représentant les sports préférés des amis de Zachary et Rachel.

b) Combien d'amis Rachel et Zachary ont-ils interrogés?

_____

_____

Espace pour ton calcul :

3 Plusieurs élèves pratiquent un sport de combat ou les arts martiaux. Zachary a tracé un diagramme à bandes représentant la popularité de ces sports, mais il a perdu le tableau de données qui lui avait permis de le dessiner.

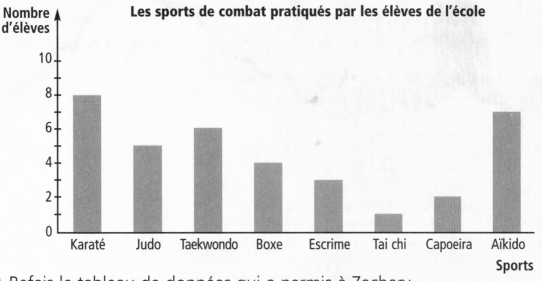

Les sports de combat pratiqués par les élèves de l'école

a) Refais le tableau de données qui a permis à Zachary de tracer son diagramme à bandes.

b) Place par ordre de préférence les sports de combat pratiqués par les élèves, en commençant par le moins populaire.

_____

Journaliste d'un jour !

Le conseil étudiant de l'école veut organiser une journée blanche ou une journée verte pour les élèves, selon leurs préférences. Tu es responsable d'interroger les élèves de ta classe pour aider le Conseil à prendre une décision. Si les élèves préfèrent la journée verte, le Conseil veut savoir quelles activités il devrait leur proposer. Si les élèves choisissent la journée blanche, le Conseil veut savoir quels sports leur proposer. Utilise une feuille de papier pour présenter tes résultats sur une fiche.

Tu dois présenter tes résultats de façon qu'il soit rapide et facile de voir les activités ou les sports préférés. Comme tes résultats doivent être présentés au conseil étudiant, tu dois aussi les résumer en 2 ou 3 phrases.

Comprendre	
Ce que je sais	Ce que je cherche

Journaliste d'un jour !

Résoudre
Démarche

As-tu vérifié ta démarche ?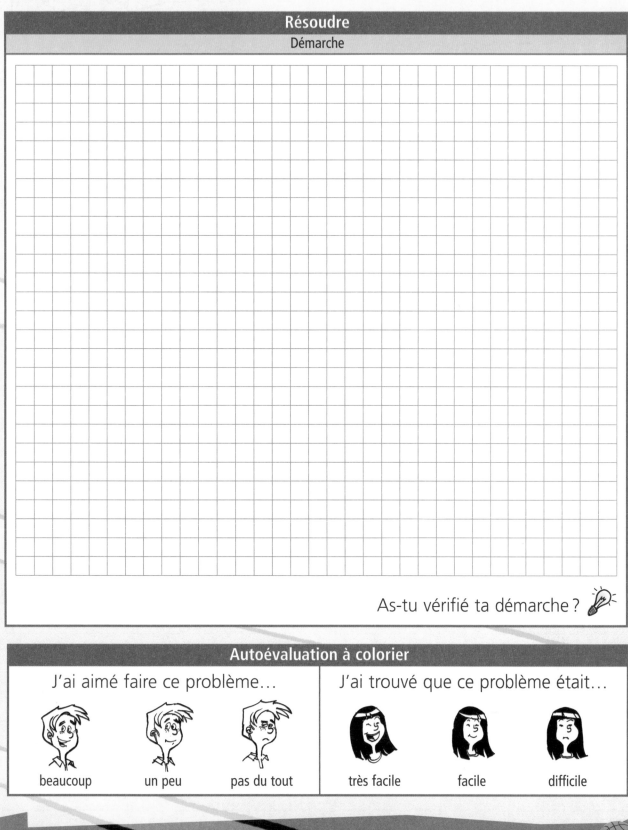

Autoévaluation à colorier

J'ai aimé faire ce problème…	J'ai trouvé que ce problème était…
beaucoup un peu pas du tout	très facile facile difficile

Situation-problème

Pour accueillir les athlètes, Zachary et Rachel ont installé différents stands dans le gymnase de l'école.

Les mesures de longueur

- L'unité de référence de notre système de mesure est le **mètre**, dont le symbole est « m ».

  Exemple : La largeur d'un lit d'enfant est d'environ 1 mètre.

- Tu connais aussi les **centimètres**, dont le symbole est « cm », et les **millimètres**, dont le symbole est « mm », puisque c'est ainsi que ta règle est graduée.

  Exemples :

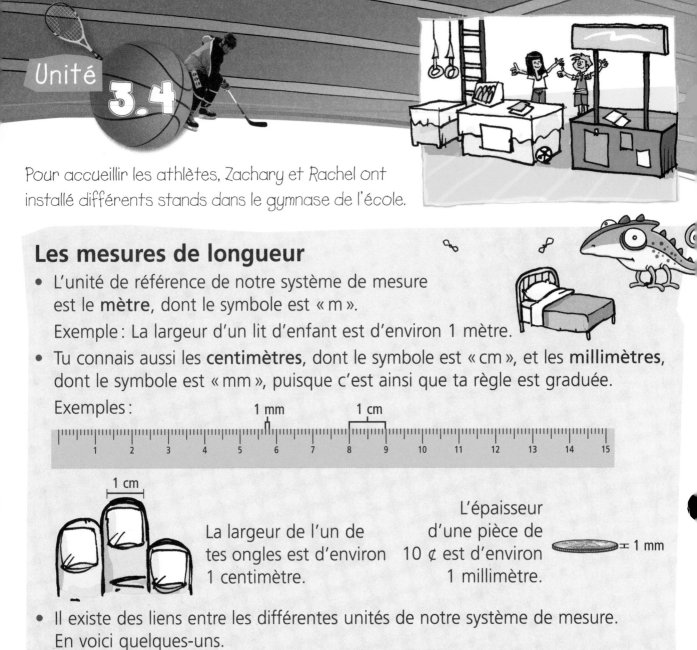

La largeur de l'un de tes ongles est d'environ 1 centimètre.

L'épaisseur d'une pièce de 10 ¢ est d'environ 1 millimètre.

- Il existe des liens entre les différentes unités de notre système de mesure. En voici quelques-uns.

Mètre (m)	Décimètre (dm)	Centimètre (cm)	Millimètre (mm)	
1	$\frac{1}{10}$ mètre ou 0,1 mètre	$\frac{1}{100}$ mètre ou 0,01 mètre	$\frac{1}{1000}$ mètre ou 0,001 mètre	
1				1 m = 1 mètre
1	0			1 m = 10 décimètres
1	0	0		1 m = 100 centimètres
1	0	0	0	1 m = 1000 millimètres
0	1			1 dm = 0,1 mètre
0	0	1		1 cm = 0,01 mètre
0	0	0	1	1 mm = 0,001 mètre

- On peut décomposer une mesure de **longueur** de plusieurs façons.

Exemples :

1,37 m = 1 m + 3 dm + 7 cm

     = 1 m + 37 cm

     = 1 m + 0,3 m + 0,07 m

7,5 cm = 7 cm + 5 mm

Pour transformer les unités de longueur, on peut se servir de ce tableau.

Mètre (m)	Décimètre (dm)	Centimètre (cm)	Millimètre (mm)	Mesures équivalentes
4	5	7	8	4578 mm est égal à
4	5	7	8	457,8 cm ou à
4	5	7	8	4,578 m
9	8	4	3	9,843 m est égal à
9	8	4	3	984,3 cm ou à
9	8	4	3	9843 mm

- Si l'on veut effectuer des opérations en se servant des mesures de longueur, il faut les transformer pour les écrire dans la même unité.

Exemple : 1,7 m + 82 cm

On peut transformer les centimètres en mètres	82 cm = 0,82 m	
On peut transformer les mètres en centimètres		1,7 m = 170 cm
On additionne	1,7 m + 0,82 m = 2,52 m	170 cm + 82 cm = 252 cm
On peut transformer la réponse pour l'écrire dans l'unité demandée	2,52 m = 252 cm	252 cm = 2,52 m

1 Indique si tu utiliserais des mètres, des centimètres ou des millimètres pour mesurer :

a) la longueur du mur de la classe : _____

b) l'épaisseur d'une pièce de 1 $: _____

c) la longueur de ton crayon : _____

d) la hauteur d'une porte : _____

e) l'épaisseur des parois d'une boîte en carton : _____

f) la largeur de ton pupitre : _____

2 À l'aide de ta règle, mesure les segments de droite suivants :

a) ⊢————————⊣ _____

b) ⊢———⊣ _____

c) ⊢———————————————⊣

_____

3 À l'aide de ta règle, dessine un segment de :

a) 0,5 cm

b) 75 mm

c) 3,2 cm

4 Les segments suivants représentent une partie d'un tout. Trace les segments qui représentent l'entier.

a) Ce segment représente $\frac{1}{2}$ d'un tout. Trace l'entier.

├─────────────────┤

b) Ce segment représente $\frac{1}{3}$ d'un tout. Trace l'entier.

├─────────────────┤

c) Ce segment représente $\frac{3}{4}$ d'un tout. Trace l'entier.

├─────────────┤

d) Ce segment représente $\frac{3}{2}$ d'un tout. Trace l'entier.

├──┤

Grands DÉFIS

5 Autour des tables installées devant les stands des athlètes, Zachary veut fixer une banderole de papier.

a) Estime au dixième de mètre près la longueur de papier nécessaire pour chacune des tables suivantes.

2 grandes tables rectangulaires :

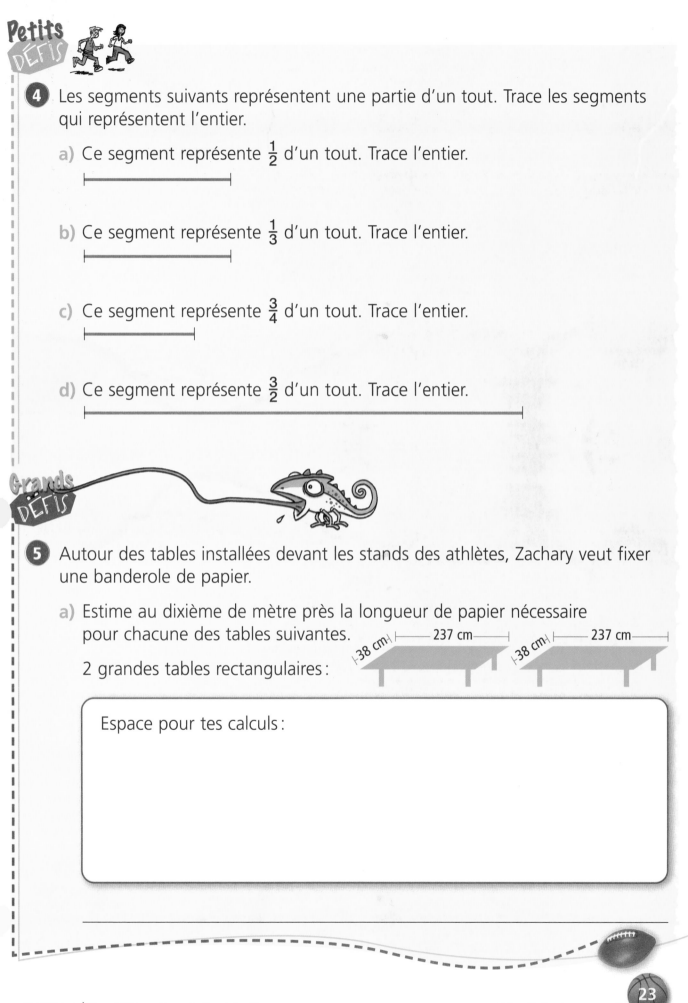

38 cm ├─── 237 cm ───┤ 38 cm ├─── 237 cm ───┤

Espace pour tes calculs :

1 table carrée : ⊢1,3 m⊣

Espace pour tes calculs :

---

1 petite table rectangulaire : ⊢73 cm⊣ ⊢1,73 m⊣

Espace pour tes calculs :

---

b) De quelle longueur approximative de papier Zachary aura-t-il besoin pour entourer toutes les tables d'une banderole ?

Espace pour tes calculs :

c) Calcule exactement la longueur de papier nécessaire pour entourer toutes les tables d'une banderole.

Comprendre	
Ce que je sais	Ce que je cherche

Résoudre
Ce que je fais

As-tu vérifié ta démarche ?

Réponse complète : _____

6 Entre 2 présentations d'athlètes, Rachel organise un concours loufoque de lancer du poids. Chaque personne doit lancer 2 fois 1 balle de ping-pong. La différence entre les distances des 2 lancers détermine le gagnant ou la gagnante. C'est la personne qui atteint la différence de distance la plus courte qui gagne. Zachary a mesuré les distances parcourues par les balles.

> Zackaël : 6,32 m et 423 cm • Yasmine : 537 cm et 2,45 m
> Danaé : 5,09 m et 627 cm • Olivier : 6,51 m et 478 cm

Qui est le gagnant ou la gagnante ?

Comprendre	
Ce que je sais	Ce que je cherche

Résoudre
Ce que je fais
As-tu vérifié ta démarche ?

Réponse complète : _____

En plus d'inviter des athlètes qui pratiquent les sports préférés des élèves, Rachel et Zachary ont invité d'autres athlètes pour faire connaître de nouveaux sports à leurs camarades.

SAVAIS-TU QUE...

Chantal Petitclerc est une athlète paralympique spécialiste de la course en fauteuil roulant. En décembre 2009, elle avait battu 5 records du monde et gagné 21 médailles paralympiques, dont 14 médailles d'or (5 d'entre elles aux Jeux de Beijing en 2008).

Comparer et ordonner des nombres décimaux

On peut ordonner les nombres décimaux comme on ordonne les nombres naturels et les placer sur une droite numérique. Entre deux nombres naturels, on peut placer des nombres décimaux.

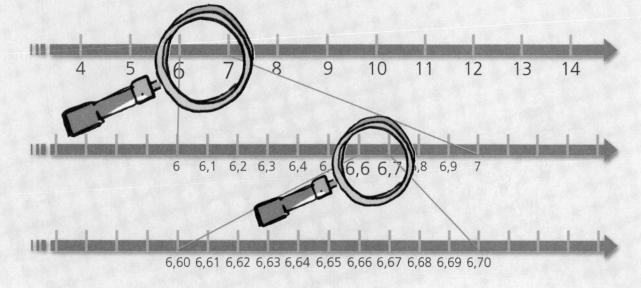

Voici comment faire pour ordonner les nombres décimaux par ordre croissant.
Exemple :

23,02 • 32,25 • 23,12 • 37,06 • 23,25 • 30,2 • 32,2 • 30,58 • 30,57

1. On les ordonne par ordre croissant d'abord, selon leur partie entière.

   23,12 ; 23,25 ; 23,02

   30,2 ; 30,58 ; 30,57

   32,25 ; 32,2

   37,06

2. On regarde la partie décimale des nombres ayant la même partie entière.

   On ordonne les nombres par ordre croissant selon le chiffre qui est placé à la position des dixièmes.

   23,02 ; 23,12 ; 23,25

   30,2 ; [30,58 ; 30,57]

   [32,25 ; 32,2]

   37,06

3. S'il reste encore des nombres ayant la même partie entière ainsi que le même chiffre à la position des dixièmes, on ordonne alors selon l'ordre croissant des chiffres à la position des centièmes.

   23,02 ; 23,12 ; 23,25 ; 30,2 ; 30,57 ; 30,58 ; 32,20 ; 32,25 ; 37,06

4. Et voilà ! Pour éviter la confusion, on met un point-virgule (;) entre les nombres.

5. Si on veut les ordonner par ordre décroissant, on les écrit du plus grand au plus petit.

   37,06 ; 32,25 ; 32,2 ; 30,58 ; 30,57 ; 30,2 ; 23,25 ; 23,12 ; 23,02

À TOI DE JOUER...

1 Un athlète est venu parler d'une discipline à laquelle il a souvent participé, la course à relais 4 × 100 mètres. Voici les temps de course des 4 coureurs de 2 équipes de l'école pour chaque portion de 100 mètres.

Équipe des Escargots bioniques	Équipe des Tortues fantastiques
Martine : 13,53 s	Éric : 12,09 s
Amal : 14,07 s	Pamina : 15,02 s
Marika : 14,21 s	Lancelot : 12,12 s
Fabien : 13,43 s	Maude : 15,12 s

a) Pour chaque équipe, place les coureurs par ordre, du plus lent au plus rapide.

Équipe des Escargots bioniques	Équipe des Tortues fantastiques

b) Dans quelle équipe se trouve le coureur le plus rapide ?

_____

c) Quelle équipe a gagné la course ?

2 Un kayakiste est venu présenter son sport. Comme l'athlète olympique Caroline Brunet, il s'entraîne régulièrement. Voici les distances qu'il parcourt lors de ses séances d'entraînement.

Jour	Avant-midi	Après-midi
Lundi	4,57 kilomètres	5,48 kilomètres
Mercredi	5,57 kilomètres	3,72 kilomètres
Vendredi	3,75 kilomètres	5,84 kilomètres
Samedi	5,75 kilomètres	4,27 kilomètres

a) Si tu arrondis les distances parcourues au kilomètre près, quelle distance ce kayakiste parcourt-il chaque jour où il s'entraîne ?

Lundi : _____

Mercredi : _____

Vendredi : _____

Samedi : _____

Espace pour tes calculs :

b) Quelle distance exacte parcourt-il chaque jour où il s'entraîne ?
Sur la droite numérique, indique par un trait et la lettre correspondante le jour où il parcourt les distances calculées.

Lundi (L)	Mercredi (M)	Vendredi (V)	Samedi (S)

9   9,5   10   Km

Rachel et Zachary s'occupent des derniers préparatifs pour les activités sportives de l'école : préparation des équipements des différentes équipes, distribution des collations et élaboration d'une dernière activité. Que de choses à faire !

La division avec reste sous forme de fraction

Quand tu fais une division, le quotient n'est pas toujours un nombre entier. Comme tu sais, il peut y avoir un « reste ». On peut exprimer ce reste sous forme de fraction.

Exemple :

$353 \div 3$

Tu fais la division comme d'habitude.
Ici, il reste 2.

117   117   117   reste 2

Le reste (2) devrait être divisé par 3.
Tu pourrais donc écrire comme quotient :
117, reste 2 à diviser par 3.
La notation $\frac{2}{3}$ veut aussi dire $2 \div 3$.

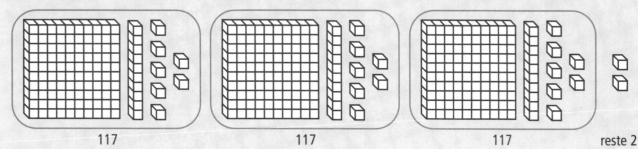

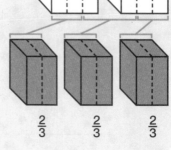

$\frac{2}{3}$ $\frac{2}{3}$ $\frac{2}{3}$

Tu peux donc écrire comme quotient : $117\frac{2}{3}$.

1 Rachel veut séparer les équipements sportifs et les collations des différents clubs de l'école. Effectue les calculs suivants et indique ceux dans lesquels il sera impossible de placer le même nombre d'objets par sac.

a) 19 dossards à placer dans 3 sacs

Espace pour ton calcul :

_____

_____

b) 15 bâtons de hockey à placer dans 5 sacs

Espace pour ton calcul :

_____

_____

c) 127 barres tendres à placer dans 8 sacs

Espace pour ton calcul :

_____

_____

d) 132 clémentines à placer dans 7 sacs

Espace pour ton calcul :

_____

_____

e) 99 balles de jonglerie à placer dans 3 sacs

Espace pour ton calcul :

_____

_____

2 Zachary veut organiser une course à obstacles sur un trajet de 287 m au total. Avant le 1er obstacle, on parcourt 20 m et après le dernier obstacle, on parcourt aussi 20 m. Il veut installer 8 obstacles à égale distance l'un de l'autre. Quelle sera la distance à parcourir entre chaque obstacle ?

Comprendre	
Ce que je sais	Ce que je cherche

Résoudre
Ce que je fais

As-tu vérifié ta démarche ?

Réponse complète : _____

_____

Une chasse au trésor

Rachel et Zachary veulent préparer une chasse au trésor pour leurs amis.
Ils disposent d'un immense terrain boisé. Aide-les à décider de la longueur
et du nombre des étapes sachant que :

- le départ et l'arrivée se font au même endroit ;
- le périmètre du circuit mesure de 500 à 900 mètres ;
- il y a un nombre impair d'étapes ;
- à la moitié de la distance à parcourir, il y a un poste de contrôle ;
- les étapes sont toutes de longueur différente ;
- si on arrondit chaque étape à la dizaine de mètres près, on obtient 100 mètres.

Trace un plan à l'échelle de ton parcours, sachant que ⊢—⊣ = 10 m.

Indique le départ, les étapes, l'endroit où sera installé le poste de contrôle
et la longueur de chaque étape. Utilise une feuille de papier pour tes calculs.

Comprendre	
Ce que je sais	Ce que je cherche

Une chasse au trésor

As-tu vérifié ta démarche ?

Autoévaluation à colorier

J'ai aimé faire ce problème…			J'ai trouvé que ce problème était…		
beaucoup	un peu	pas du tout	très facile	facile	difficile

Situation-problème

35

- **Associer un nombre décimal ou un pourcentage à une fraction**

45 % (quarante-cinq pour cent)

$$= \frac{45}{100}$$

$$= \frac{4}{10} + \frac{5}{100}$$

$$= 0{,}45$$

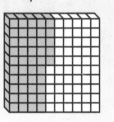

- **Arrondir un nombre**

C'est remplacer ce nombre par une valeur approchée en tenant compte de certaines règles.

Arrondir à la dizaine près :

42 devient 40

46 devient 50

55 devient 60

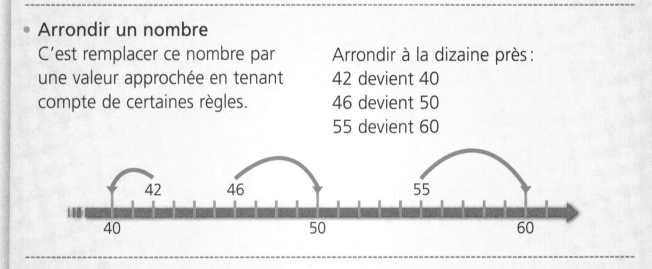

- **Le diagramme à bandes**

Il sert à représenter des données qualitatives.

– Les bandes ont la même largeur et sont à égale distance les unes des autres.

– Leur hauteur dépend de l'effectif (le nombre de fois qu'un événement se répète).

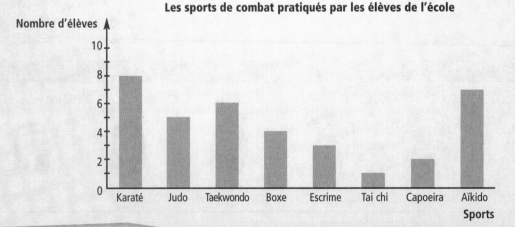

Les sports de combat pratiqués par les élèves de l'école

- **Les mesures de longueur**

  1 m = 1 mètre

  1 m = 10 décimètres

  1 m = 100 centimètres

  1 m = 1000 millimètres

  1 dm = 0,1 mètre

  1 cm = 0,01 mètre

  1 mm = 0,001 mètre

Mètre (m)	Décimètre (dm)	Centimètre (cm)	Millimètre (mm)
1	$\frac{1}{10}$ mètre ou 0,1 mètre	$\frac{1}{100}$ mètre ou 0,01 mètre	$\frac{1}{1000}$ mètre ou 0,001 mètre
1			
1	0		
1	0	0	
1	0	0	0
0	1		
0	0	1	
0	0	0	1

- **Comparer et ordonner des nombres décimaux**
  - On peut placer des nombres décimaux entre deux nombres naturels.
  - On compare et on ordonne la partie entière.
  - On compare et on ordonne la partie décimale des nombres ayant la même partie entière.

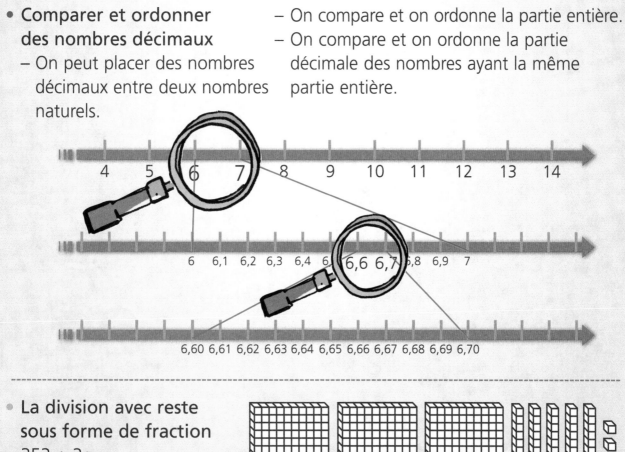

- **La division avec reste sous forme de fraction**

  353 ÷ 3 :

  $117 \frac{2}{3}$ $117 \frac{2}{3}$ $117 \frac{2}{3}$

Thème 3 • Rendez-vous sportif

Des édifices et des bâtisseurs

« Les édifices sont de riches témoins de l'histoire et de la culture des peuples. Quand Rachel et Zachary visitent de grandes villes, ils aiment bien se promener et observer l'architecture qui les entoure. »

Paris, Ville lumière ! Rachel et Zachary ont rejoint des amis à l'esplanade du Champ-de-Mars et tous s'apprêtent à monter au sommet de la tour Eiffel.

SAVAIS-TU QUE...

L'ingénieur français Gustave Eiffel a construit la tour Eiffel (1887-1889) pour l'Exposition universelle de Paris. Cette structure métallique, dont l'élément original est la poutre de treillis, est située à l'extrémité du Champ-de-Mars et domine Paris de ses 324 m (comprenant l'antenne).

Le diagramme à pictogrammes

Le **diagramme à pictogrammes** est une représentation imagée ou figurée dans lequel :

- on représente, à l'aide d'un ensemble de données, chacune des valeurs de la statistique étudiée ;
- la dimension du pictogramme ou le nombre de pictogrammes est proportionnel au nombre de fois qu'un événement a lieu (la fréquence) ;
- le titre présente le sujet traité ;
- la légende détermine le type d'information présentée et indique la valeur du pictogramme.

Le diagramme à pictogrammes peut se construire à partir d'un tableau de données. Ce tableau permet de présenter les données collectées de façon claire.

Exemple de diagramme à pictogrammes horizontal :

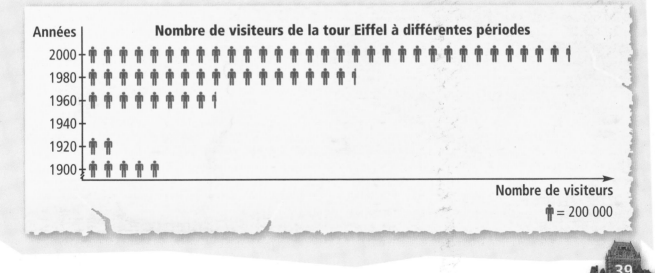

1 La tour Eiffel possède plusieurs ascenseurs à grande capacité. L'ascenseur nord peut faire monter 920 personnes par heure, l'ascenseur est et l'ascenseur ouest, 650 personnes par heure chacun, et le Duolift, 1140 personnes par heure.

SAVAIS-TU QUE...
Le Duolift est un ascenseur électrique à double cabine.

a) Conçois un tableau de données qui te permettra de construire un diagramme représentant cette situation.

b) Construis un diagramme à pictogrammes représentant cette situation.

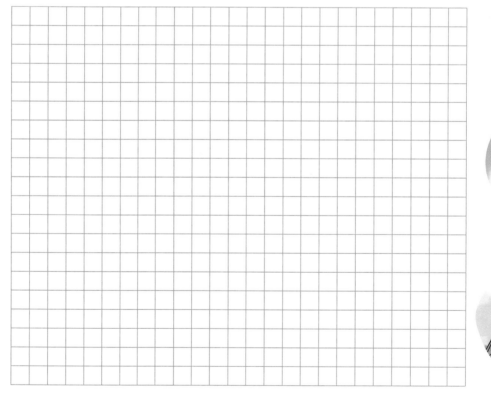

c) Quel ascenseur a la plus grande capacité ?

_____

d) Combien de personnes peuvent monter au sommet de la tour Eiffel chaque heure en utilisant ces ascenseurs à pleine capacité ?

Espace pour tes calculs :

_____

e) Le diagramme à pictogrammes est-il un diagramme précis ? Pourquoi ?

_____

_____

2 Rachel et Zachary observent les nombreuses antennes qui se trouvent au sommet de la tour Eiffel. La télédiffusion de plusieurs chaînes de télévision et de radio se fait à partir de là.

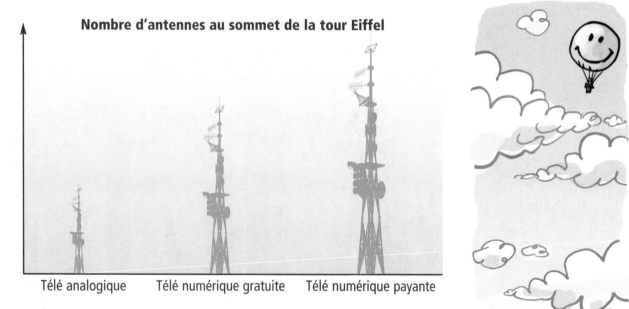

Nombre d'antennes au sommet de la tour Eiffel

Télé analogique Télé numérique gratuite Télé numérique payante

a) Quels types de chaînes possèdent le plus d'antennes ?

_____

b) Quels types de chaînes possèdent le moins d'antennes ?

_____

c) Peux-tu dire combien d'antennes de chaînes utilisant la télé numérique gratuite sont installées sur la tour Eiffel ? Pourquoi ?

_____

Dans l'ascenseur, nos amis observent ce monument étonnant. Zachary se questionne sur l'histoire et l'entretien de la tour Eiffel.

SAVAIS-TU QUE...

L'ingénieur Gustave Eiffel a aussi conçu l'armature de la statue de la Liberté. Cette statue a été offerte en cadeau par le peuple français au peuple américain en signe d'amitié. Elle est située dans le port de New York.

La preuve par 9

Quand on fait une addition, une soustraction ou une multiplication, il existe un moyen simple pour vérifier son calcul. C'est la preuve par 9. On utilise alors la racine numérique d'un nombre, c'est-à-dire la somme des chiffres de ce nombre. Quand on obtient 9, on le transforme en « 0 ».

Exemples :

- L'addition

  On vérifie que la somme des racines numériques de chacun des nombres est égale à la racine numérique du résultat.

Nombres		Racines numériques
23	$2 + 3 = 5$	5
63	$6 + 3 = 9 \Rightarrow 0$	0
$+ 51$	$5 + 1 = 6$	$+ 6$
137	$1 + 3 + 7 = 11 \Rightarrow 1 + 1 = 2$	11
		$1 + 1 = 2$

- La soustraction

  On vérifie que la différence des racines numériques de chacun des nombres est égale à la racine numérique du résultat.

Nombres		Racines numériques
467	$4 + 6 + 7 = 17 \Rightarrow 1 + 7 = 8$	8
$- 321$	$3 + 2 + 1 = 6$	$- 6$
146	$1 + 4 + 6 = 11 \Rightarrow 1 + 1 = 2$	2

- La multiplication

  On vérifie que le produit des racines numériques de chacun des nombres est égal à la racine numérique du résultat.

Nombres		Racines numériques
63	$6 + 3 = 9 \Rightarrow 0$	0
$\times 3$	$3 = 3$	$\times 3$
189	$1 + 8 + 9 = 18 \Rightarrow 1 + 8 = 9 \Rightarrow 0$	0

Thème 4 • Des édifices et des bâtisseurs

Attention ! Si la preuve par 9 échoue, le résultat de l'opération est faux.
Si la preuve par 9 réussit, le résultat de l'opération n'est pas forcément exact.
Cependant, la preuve par 9 permet de faire une bonne vérification.

Exemple :

Nombres		Racines numériques
1000	⟶ $1 + 0 + 0 + 0 = 1$	1
+ 992	⟶ $9 + 9 + 2$ ⟶ $0 + 0 + 2 = 2$	+ 2
1092	⟶ $1 + 0 + 9 + 2$ ⟶ $1 + 0 + 0 + 2 = 3$	3

Ici, il y a une erreur de calcul, puisque $1000 + 992 = 1992$. Pourtant, la somme des racines numériques (3) est égale à la racine numérique du résultat (3).
La preuve par 9 n'est donc pas infaillible.

Nombres		Racines numériques
55	⟶ $5 + 5 = 10$ ⟶ 1	1
+ 67	⟶ $6 + 7 = 13$ ⟶ 4	+ 4
112	⟶ $1 + 1 + 2 = 4$	5

$4 \neq 5$, donc il y a sûrement une erreur de calcul.

À toi de jouer...

1 La tour Eiffel est complètement repeinte environ tous les 7 ans. Il faut alors
60 tonnes de peinture. Cela prend de 15 à 18 mois pour la repeindre.
En 2010, on a terminé la 19e opération de peinture. Quelle quantité de
peinture a-t-on utilisée jusqu'à ce jour ?

Comprendre		Résoudre
Ce que je sais	Ce que je cherche	Ce que je fais
		As-tu vérifié ta démarche ?

Réponse complète : _____

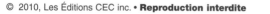

2 Si tous les ascenseurs de la tour Eiffel étaient remplis à pleine capacité, Rachel se demande combien de personnes pourraient la visiter en une journée de 8 heures. Utilise la preuve par 9 pour vérifier tes calculs.

Comprendre	
Ce que je sais	Ce que je cherche

Résoudre
Ce que je fais

As-tu vérifié ta démarche ?

Réponse complète : _____

3 Pour descendre du sommet de la tour Eiffel, Rachel et Zachary décident de prendre l'escalier. Rachel compte d'abord 267 marches avant de faire une première pause, puis 492 et 360. Zachary continue ensuite à compter les marches : il en compte 231, puis 300 et finalement 15. Combien de marches ont-ils comptées ? Vérifie ton calcul en faisant la preuve par 9.

Espace pour tes calculs :

Réponse complète : _____

4 La 1re plateforme de la tour Eiffel s'élève à 57 m du sol. La 2e plateforme se trouve 58 m plus haut.

a) À quelle distance du sol se trouve la 2e plateforme ?

Somme	Preuve par 9

Réponse complète : _____

_____

b) La 3e plateforme s'élève à 276 m du sol. À quelle distance se trouve-t-elle de la 1re plateforme ?

Somme	Preuve par 9

Réponse complète : _____

_____

5 Si je multiplie par 4 le nombre d'employés travaillant à la boutique de souvenirs et que j'ajoute 40, j'obtiens le nombre d'employés du restaurant de la tour Eiffel. Il y a 10 fois 2 douzaines d'employés au restaurant. Combien de personnes travaillent à la boutique de souvenirs ?

Comprendre		Résoudre
Ce que je sais	Ce que je cherche	Ce que je fais
		As-tu vérifié ta démarche ?

Réponse complète : _____

Rachel et Zachary se sont bien amusés dans les escaliers et les ascenseurs de la tour Eiffel. Ils ont même fait une chasse au trésor avec leurs amis.

Les nombres entiers

Dans la vie courante, quand on veut compter des objets, on utilise l'ensemble des nombres naturels, que tu connais bien.

- Un nombre naturel est un nombre entier supérieur ou égal à 0.

- L'ensemble des nombres naturels = {0, 1, 2, 3, 4,...}

Exemple :

Cependant, il arrive que cet ensemble ne suffise pas à exprimer certaines réalités. Que se passe-t-il en hiver quand la température chute sous le point de congélation ?

On utilise alors l'ensemble des nombres entiers.

- L'ensemble des nombres entiers contient les nombres entiers positifs (les nombres naturels) et les nombres entiers négatifs.

- L'ensemble des nombres entiers = {..., -3, -2, -1, 0, 1, 2, 3,...}

Exemple :

Ce thermomètre indique –15 °C.
–15 °C est un nombre entier négatif.

1 Sur chacun des thermomètres, colorie les températures suivantes.

a) 20 °C   **b)** −13 °C   **c)** 11 °C   **d)** −7 °C

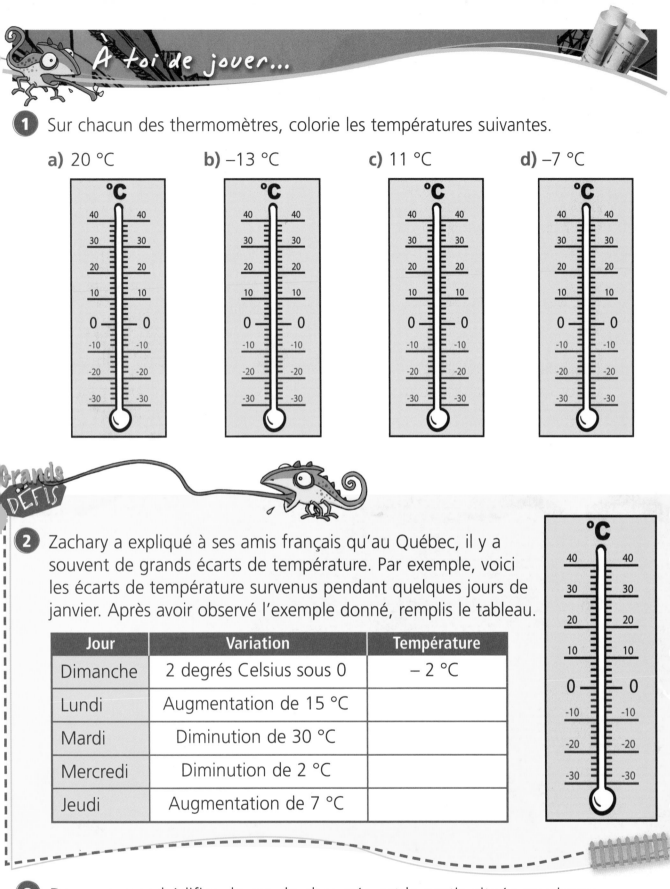

Grands DÉFIS

2 Zachary a expliqué à ses amis français qu'au Québec, il y a souvent de grands écarts de température. Par exemple, voici les écarts de température survenus pendant quelques jours de janvier. Après avoir observé l'exemple donné, remplis le tableau.

Jour	Variation	Température
Dimanche	2 degrés Celsius sous 0	− 2 °C
Lundi	Augmentation de 15 °C	
Mardi	Diminution de 30 °C	
Mercredi	Diminution de 2 °C	
Jeudi	Augmentation de 7 °C	

3 Dans un grand édifice, le rez-de-chaussée est la partie située au niveau de la rue, soit l'étage « 0 ». Quel est l'étage correspondant à −1 ?

_____

4 À Paris, les amis de Zachary et Rachel ont préparé une chasse au trésor dans les escaliers de la tour Eiffel. À partir de la 2ᵉ plateforme, point de départ qu'ils nomment « l'étage 0 », Zachary et Rachel doivent suivre les indications.

a)

> *Zachary, tu dois descendre 2 étages, puis 4 autres.*

Zachary est-il au-dessus ou en dessous de l'étage 0 ? De combien d'étages ?

_____

_____

b)

> *Ensuite, tu monteras 8 étages.*

À quel étage Zachary se trouve-t-il par rapport à l'étage 0 ?

_____

_____

c)

> *Rachel, tu dois monter 4 étages, puis un autre.*

Où est Rachel par rapport à l'étage 0 ?

_____

d)

> *Ensuite, tu descendras 9 étages.*

À quel étage Rachel se trouve-t-elle par rapport à l'étage 0 ?

_____

e) Que devrait faire Rachel si elle voulait rejoindre Zachary ?

_____

5 Si le trésor est situé 3 étages sous l'étage 0, que doit faire chacun de nos amis pour l'atteindre ?

_____

6 Pendant que nos amis sont à Paris, les parents de Zachary sont en vacances à Montréal. Ils se rendent à la place Bonaventure pour visiter une foire commerciale. Cet édifice possède un stationnement souterrain de 7 étages.

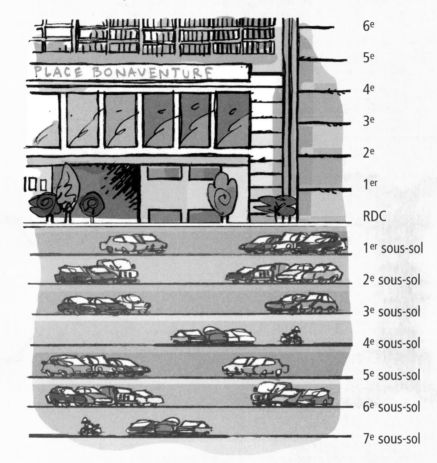

6e
5e
4e
3e
2e
1er
RDC
1er sous-sol
2e sous-sol
3e sous-sol
4e sous-sol
5e sous-sol
6e sous-sol
7e sous-sol

a) Les parents de Zachary garent leur automobile au 3e sous-sol. Ils prennent l'ascenseur et montent 5 étages pour atteindre le hall d'exposition de la foire. À quel étage a lieu la foire ?

_____

b) Après avoir visité la foire, ils montent 4 étages pour aller voir les boutiques. Comme ils se sont trompés d'étage, ils descendent 10 étages, puis 3. À quel étage sont-ils descendus de l'ascenseur ?

_____

c) Que doivent-ils faire pour retrouver leur voiture ?

_____

Comme ils sont déjà en France, Rachel et Zachary décident d'aller visiter les jardins du château de Villandry. Ces jardins sont spectaculaires !

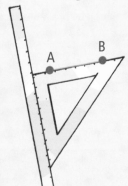

SAVAIS-TU QUE...

La construction du château de Villandry s'est achevée en 1536 sous la supervision du ministre des Finances de François 1er, Jean Le Breton. Ce château est situé dans la vallée de la Loire, en France.

La construction de droites parallèles et de droites perpendiculaires

- ## Droites parallèles

  Pour construire des droites ou des segments de droite parallèles, tu peux utiliser une règle et une équerre.

  1. Tu places un côté de l'angle droit de l'équerre sur le segment de droite.

  2. Tu places ta règle sur l'autre côté de l'angle droit.

  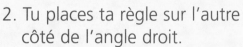

  3. Tu glisses l'équerre le long de la règle, jusqu'à l'endroit où tu veux tracer un segment parallèle.

  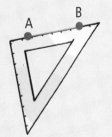

  4. Tu traces le segment.

  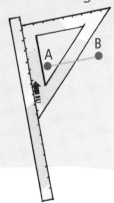

  Le segment AB est parallèle au segment CD. On le note $\overline{AB} \; // \; \overline{CD}$.

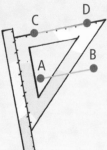

- Droites perpendiculaires

Pour construire des droites ou des segments de droite perpendiculaires, tu peux utiliser une équerre et une règle.

1. Tu places ta règle sur le segment de droite.

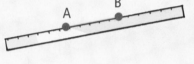

2. Tu places l'angle droit de l'équerre sur la règle.

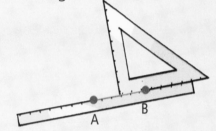

3. Tu déplaces la règle sur l'autre côté de l'angle droit de l'équerre.

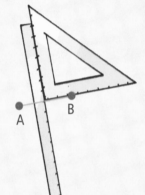

4. Tu traces une droite ou un segment de droite perpendiculaire.

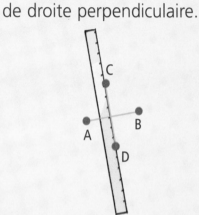

Le segment AB est perpendiculaire au segment CD. On le note $\overline{AB} \perp \overline{CD}$.

SOUVIENS-toi QUE...

Deux droites sont parallèles (//) si :

- elles ne se rencontrent jamais, même si on les prolonge à l'infini ;
- elles sont disjointes, c'est-à-dire qu'elles sont séparées l'une de l'autre ;
- la distance entre elles est constante.

Deux droites sont perpendiculaires (⊥) si :

- elles se coupent à angle droit ;
- en les prolongeant, elles se coupent à angle droit.

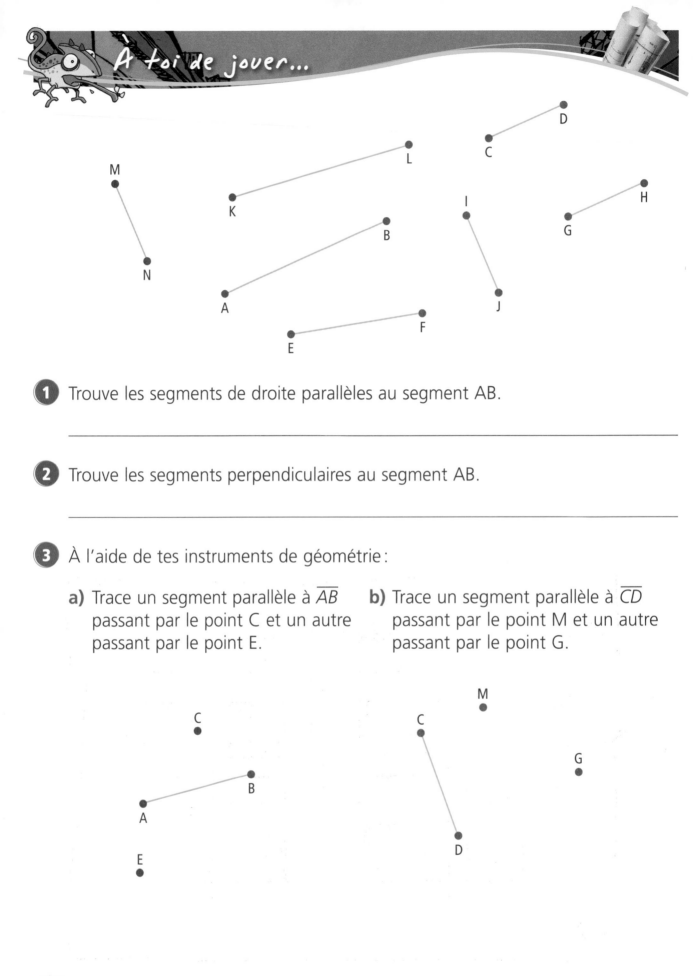

1 Trouve les segments de droite parallèles au segment AB.

_____

2 Trouve les segments perpendiculaires au segment AB.

_____

3 À l'aide de tes instruments de géométrie :

a) Trace un segment parallèle à $\overline{AB}$ passant par le point C et un autre passant par le point E.

b) Trace un segment parallèle à $\overline{CD}$ passant par le point M et un autre passant par le point G.

c) Trace un segment perpendiculaire
à $\overline{IJ}$ passant par le point K et un
autre passant par le point N.

d) Trace un segment perpendiculaire
à $\overline{OP}$ passant par le point R et un
autre passant par le point S.

4 Si tu observes les segments perpendiculaires à $\overline{AB}$, que constates-tu ?

_____

5 Zachary s'est procuré un plan des jardins de Villandry. Malheureusement,
de l'eau a détérioré une partie du plan. Aide-le à recopier son plan, sachant
que la partie manquante est une réflexion de la partie du plan qui reste et
que les bordures des jardins sont parallèles ou perpendiculaires.

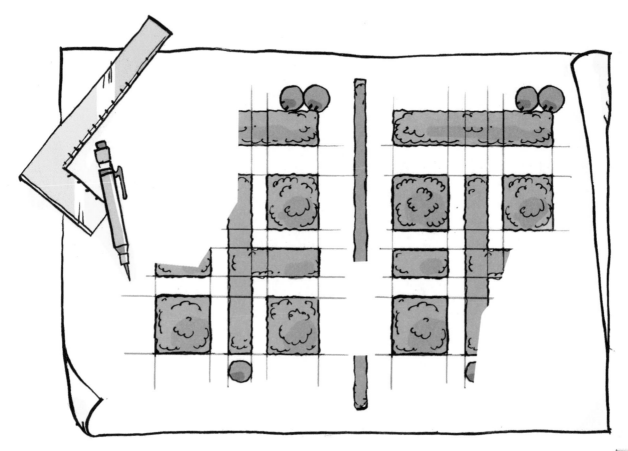

Rachel et Zachary sont étonnés de voir la quantité de plantes qui sont nécessaires aux potagers et aux jardins du château de Villandry.

Le périmètre

Comme tu le sais déjà, le **périmètre** est la mesure du contour d'une figure géométrique fermée.

On calcule le périmètre en additionnant la mesure de tous les côtés de la figure.

Exemple :

5 cm

3 cm   3 cm

5 cm

Le périmètre du parallélogramme = 5 cm + 5 cm + 3 cm + 3 cm

= 16 cm

À cause de la **commutativité** de l'addition, tu remarques qu'on fait 2 fois la somme de la **longueur** et de la **largeur**. En effet,

5 cm + 5 cm + 3 cm + 3 cm = 5 cm + 3 cm + 5 cm + 3 cm
(par commutativité).

On calcule donc le périmètre ainsi :

Périmètre = 2 × (longueur + largeur)

= 2 × (5 cm + 3 cm)

= 2 × (8 cm)

= 16 cm

SOUVIENS–TOI QUE...

La commutativité permet de modifier l'ordre des nombres dans une opération sans en changer le résultat. L'addition et la multiplication sont commutatives.

Par exemple : 9 + 3 = 3 + 9 ; 3 × 2 = 2 × 3.

1. Les jardins de Villandry ont des formes intéressantes et sont bien entretenus. Les jardiniers sont en train de refaire plusieurs clôtures. Trouve, pour chaque section du jardin, la longueur de clôture nécessaire.

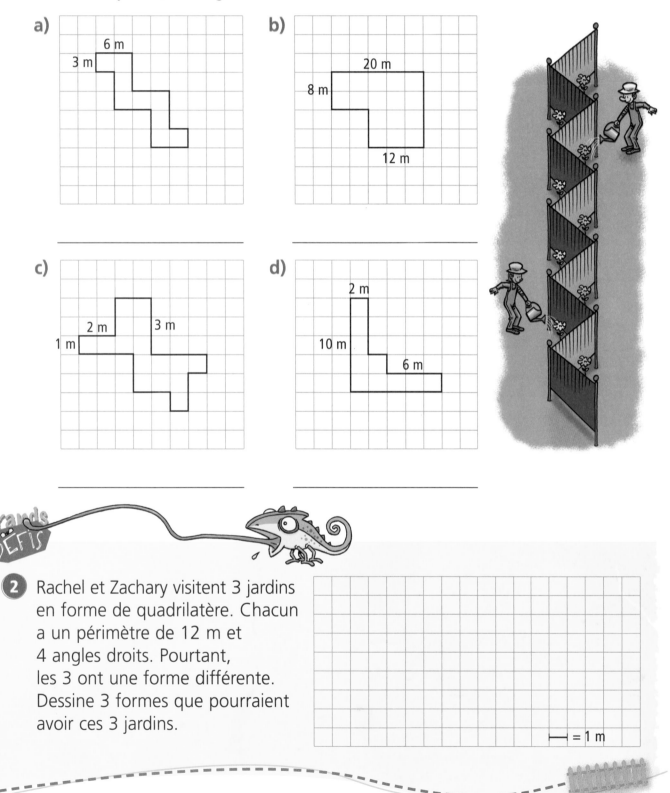

a)
6 m
3 m

_____

b)
20 m
8 m
12 m

_____

c)
2 m
3 m
1 m

_____

d)
2 m
10 m
6 m

_____

2. Rachel et Zachary visitent 3 jardins en forme de quadrilatère. Chacun a un périmètre de 12 m et 4 angles droits. Pourtant, les 3 ont une forme différente. Dessine 3 formes que pourraient avoir ces 3 jardins.

⊢—⊣ = 1 m

3 Si tu voulais planter des carottes pour pouvoir en cueillir le plus possible, laquelle des 3 formes que tu as dessinées choisirais-tu ? Pourquoi ?

_____

4 En visitant un potager, Zachary et Rachel apprennent que chacune de ses sections est composée de 4 carrés de 2 m de côté. Les jardiniers installent une clôture et plantent une bordure autour de chaque carré dans chacune des sections du potager : des plants de buis (petit arbuste) tous les 20 cm. Quelle longueur de clôture et combien de plants de buis sont nécessaires pour chaque section du potager ?

Comprendre	
Ce que je sais	Ce que je cherche

Résoudre
Ce que je fais
As-tu vérifié ta démarche ?

Réponse complète : _____

5 Le chef jardinier du château de Villandry doit commander des clôtures pour protéger les potagers des lapins. Il sait que 3 potagers sont des losanges de 6,5 m de côté, que 1 potager est un rectangle de 13 m de long sur 8 m de large et que 3 potagers sont des parallélogrammes de 5 m de large sur 7 m de long. Quelle longueur de clôture doit-il commander ?

Comprendre	
Ce que je sais	Ce que je cherche

Résoudre
Ce que je fais
As-tu vérifié ta démarche ?

Réponse complète : _____

La planification de surfaces fleuries

Les jardiniers du château de Villandry doivent ajouter 2 jardins clôturés ayant la forme de 2 quadrilatères différents. Ils doivent utiliser 502 m de clôture pour les 2 jardins. Le propriétaire du château veut avoir un jardin ayant au moins 1 paire de côtés parallèles et 1 autre ayant au moins 1 paire de côtés perpendiculaires. Les fleurs à planter sont indiquées dans le diagramme.

Fleurs à planter dans les jardins

Variétés de fleurs

Asters

Tulipes

Marguerites

Roses

Nombre de plants

= 10 plants

Aide les jardiniers à faire un plan respectant les contraintes données.
Tu dois indiquer :

les mesures des côtés des jardins • quelles fleurs tu planteras dans chaque jardin
• le nombre de fleurs plantées dans chaque jardin.

Comprendre	
Ce que je sais	Ce que je cherche

La planification de surfaces fleuries

Résoudre
Démarche

As-tu vérifié ta démarche ?

Situation-problème

Rachel est persuadée que la tour Eiffel fait partie des plus hauts édifices du monde. Son oncle, qui revient d'un voyage dans la ville de Dubaï, lui apprend qu'avec ses 324 m, la tour Eiffel est beaucoup moins haute que la tour Burj Khalifa de Dubaï, qui mesure 828 m.

SAVAIS-TU QUE...

La tour Burj Khalifa, située à Dubaï, aux Émirats arabes unis (EAU), a été inaugurée le 4 janvier 2010. On y trouve, au 124e étage, un observatoire entièrement construit par une compagnie montréalaise.

L'aire

L'aire, ou la superficie, est la mesure d'une surface plane fermée. On peut la mesurer en carrés-unités.

En mathématique, on utilise surtout le terme « **aire** ». Quand on veut mesurer de grandes surfaces, comme celle d'un pays, d'une ville ou d'un très grand terrain, on utilise le terme « **superficie** ».

Les unités d'aire sont des carrés dont le côté a pour longueur 1 unité.

Exemple :

Si ☐ = 1 carré-unité, alors l'aire de cette figure est de 10 carrés-unités.

Si la figure est complexe, on peut barrer les carrés-unités au fur et à mesure qu'on les compte pour éviter de les dénombrer plus d'une fois.

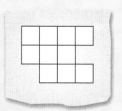

Aire = 21 carrés-unités

1 Calcule l'aire des figures suivantes.

a)

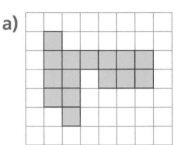

SAVAIS—TU QUE...

La tour Burj Khalifa est recouverte de 24 348 panneaux couvrant une superficie de 132 190 m². Cela inclut 103 000 m² de panneaux vitrés et 15 500 m² de panneaux en acier inoxydable.

= 1 carré-unité

_____

b)

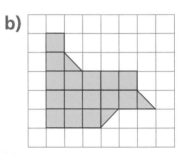

c)

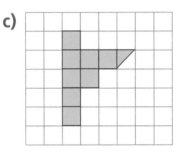

d)

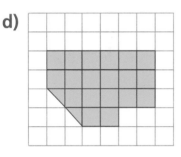

_____   _____   _____

2 Quelle figure de chacune des paires suivantes possède la plus grande aire ? Justifie ta réponse.

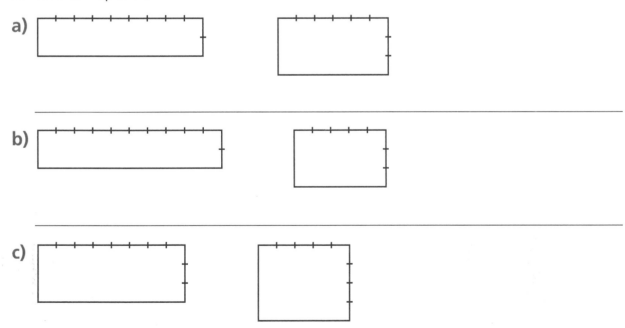

a)

_____

b)

_____

c)

_____

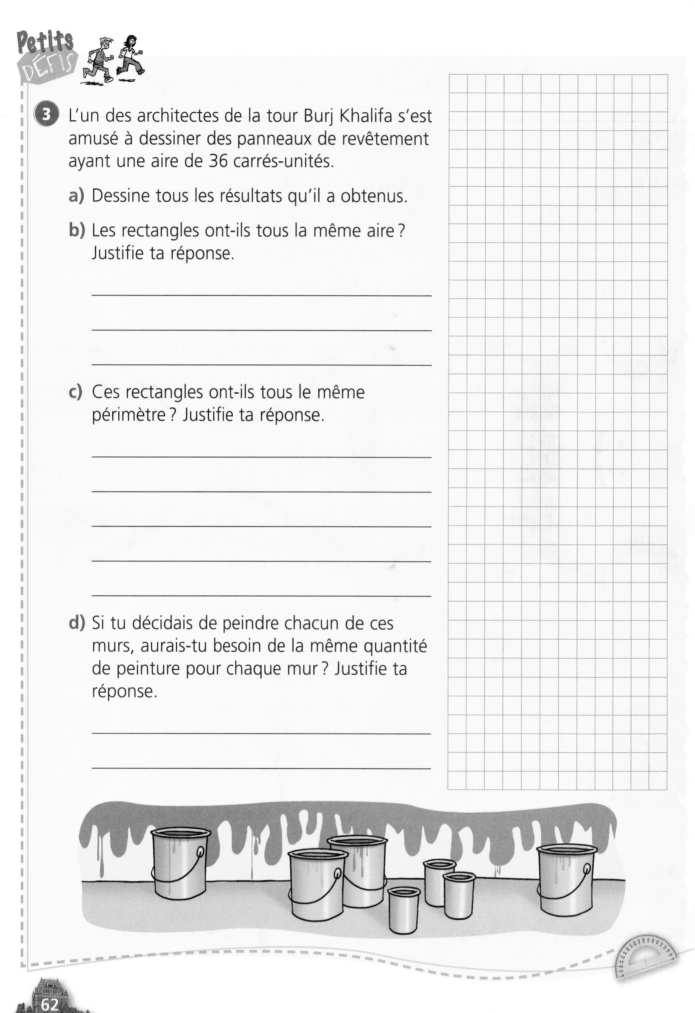

3 L'un des architectes de la tour Burj Khalifa s'est amusé à dessiner des panneaux de revêtement ayant une aire de 36 carrés-unités.

a) Dessine tous les résultats qu'il a obtenus.

b) Les rectangles ont-ils tous la même aire ? Justifie ta réponse.

_____

_____

_____

c) Ces rectangles ont-ils tous le même périmètre ? Justifie ta réponse.

_____

_____

_____

_____

d) Si tu décidais de peindre chacun de ces murs, aurais-tu besoin de la même quantité de peinture pour chaque mur ? Justifie ta réponse.

_____

_____

4 Voici une partie de l'un des murs de la tour Burj Khalifa. Des panneaux d'acier doivent le recouvrir. Chaque panneau a une aire de 5 carrés-unités. Combien de panneaux seront nécessaires pour recouvrir ce mur ?

Comprendre	
Ce que je sais	Ce que je cherche

Résoudre
Ce que je fais
As-tu vérifié ta démarche ?

Réponse complète : _____

5 Puisque la tour Eiffel n'est pas la plus haute tour du monde, Rachel décide de faire quelques recherches. Place les tours suivantes par ordre croissant et construis un diagramme permettant de comparer rapidement leur hauteur.

Tour du CN (Toronto)	Empire State Building (New York)	Taipei 101 (Taipei)	Tour Eiffel (Paris)	Burj Khalifa (Dubaï)	Tour Willis (Chicago)	Tours Petronas (Kuala Lumpur)
553 m	443 m	508 m	324 m	828 m	527 m	452 m

Ordre croissant : _____

_____

_____

_____

En vol vers l'aéroport Montréal-Trudeau, nos amis remarquent une étrange construction qui ressemble à un jeu de blocs.

Le volume

Le **volume** est la mesure de l'espace à 3 dimensions (longueur, largeur et hauteur) occupé par un solide. On mesure le volume en cubes-unités.

Les unités de volume peuvent être des cubes dont l'arête a pour longueur 1 unité.

Exemple :

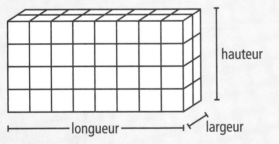

= 1 cube-unité

Dimension du solide :

Longueur : 8 cubes-unités

Hauteur : 4 cubes-unités

Largeur : 2 cubes-unités

On peut calculer le volume de ce solide en comptant les cubes un à un.

Volume total = 64 cubes-unités

1 Calcule le volume des solides suivants.

a)

b)

c)

_____

_____

_____

d)

e)

_____

_____

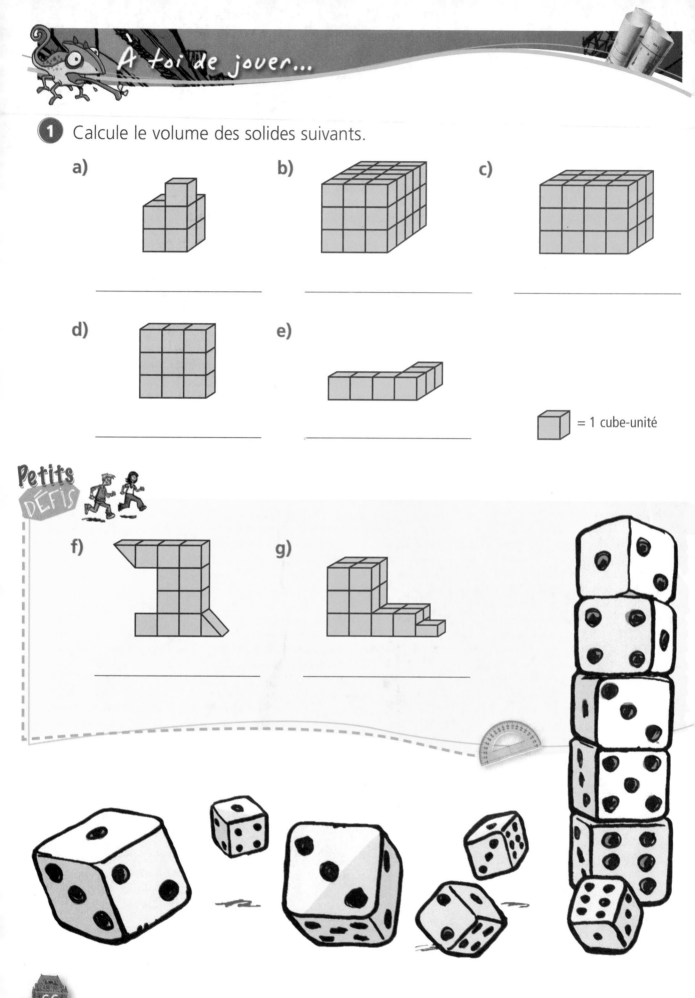 = 1 cube-unité

Petits DÉFIS

f)

g)

_____

2 Habitat 67 est un immeuble de 148 logements constitué de 354 modules en béton. Quel est le volume de l'appartement ci-dessous ?

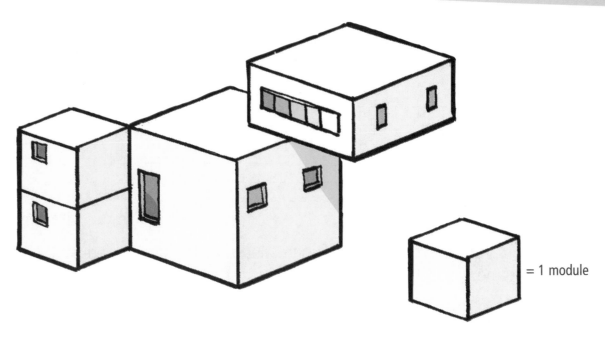

= 1 module

---

3 Voici 2 appartements d'Habitat 67. Un entrepreneur doit effectuer le ravalement de tous les murs extérieurs ainsi que celui du toit en utilisant du crépi. Pour calculer l'aire de la surface à enduire de crépi, il a commencé à dessiner chaque face de l'appartement sur papier. Aide-le à terminer son travail.

Utilise des blocs pour faire la forme et t'aider à bien voir les faces.

a)

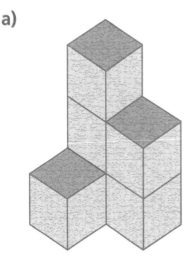

Vue avant Vue de droite Vue arrière Vue de gauche Vue de dessus

b)

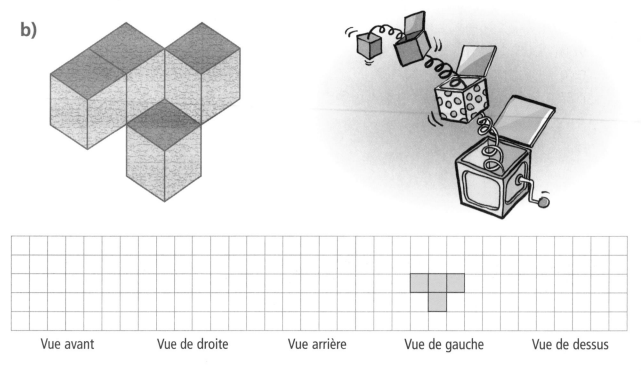

Vue avant	Vue de droite	Vue arrière	Vue de gauche	Vue de dessus

c) Que remarques-tu quand tu compares les vues avant et arrière d'un même solide ?

_____

_____

d) Que remarques-tu quand tu compares les vues de droite et de gauche d'un même solide ?

_____

_____

e) Selon toi, quelle vue serait la réflexion de la vue de dessus ?

_____

4 Dans laquelle de ces 2 boîtes peux-tu mettre le plus de petits cubes-unités ? Combien en mettras-tu ?

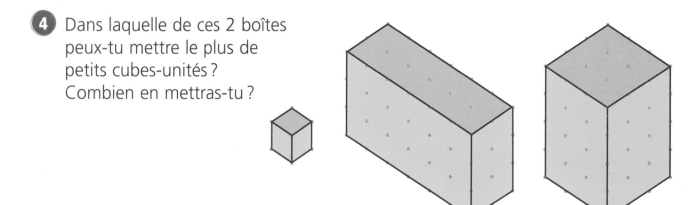

5 L'un des propriétaires d'Habitat 67 veut recouvrir les surfaces extérieures de son appartement. Il sait que 5 litres de crépi couvrent 1 carré-unité. Combien de litres seront nécessaires ?

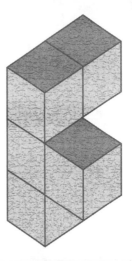

Comprendre	
Ce que je sais	Ce que je cherche

Résoudre
Ce que je fais
As-tu vérifié ta démarche ?

Réponse complète : _____

_____

En débarquant de l'avion, Rachel et Zachary remarquent une suite de drapeaux canadiens qui s'étendent jusqu'aux postes de douanes.

DOUANES

La frise

La frise est le nom donné à une surface plane qui forme une bande continue sur laquelle un motif se répète de façon ordonnée et régulière.

Voici la **frise** qui a attiré l'attention de Rachel et Zachary à l'aéroport :

Ici, le **motif de base** est 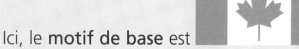.
C'est ce dessin qui se répète et qui est à l'origine de la frise.

À toi de jouer...

Puisque le passage aux douanes demande un peu de temps, Rachel observe la décoration de l'aéroport. Elle remarque que des carreleurs y installent différentes frises dans le haut des murs.

1 Encercle le motif de base de chaque frise.

a)

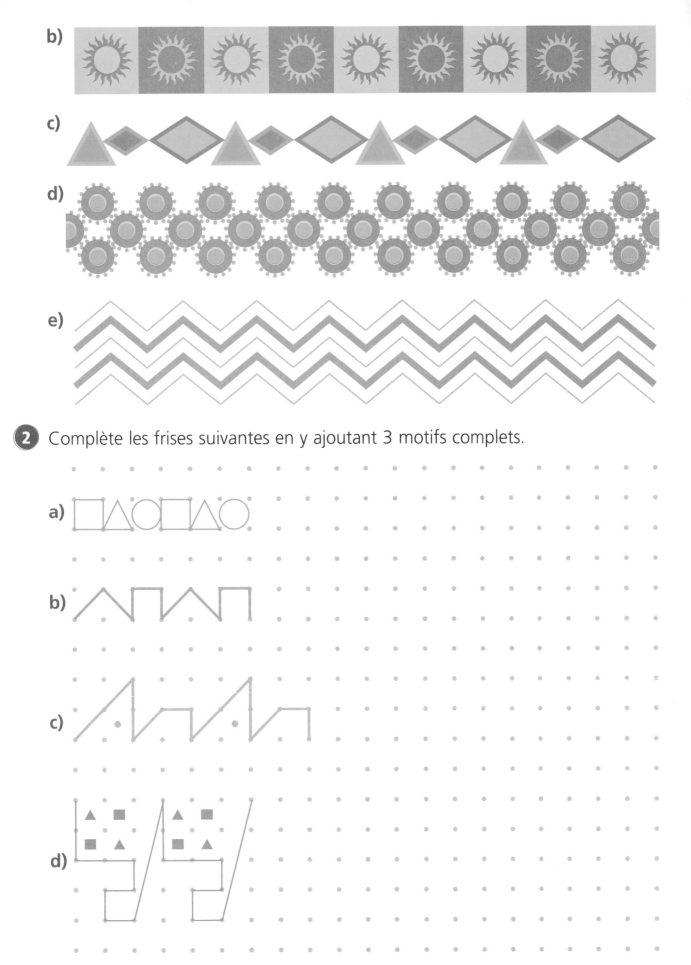

b)

c)

d)

e)

2 Complète les frises suivantes en y ajoutant 3 motifs complets.

a)

b)

c)

d)

3 En arrivant à la maison, Rachel a bien l'intention de décorer sa chambre en y ajoutant une frise. Dessine une frise qui respecte les contraintes suivantes pour l'aider.

- Le motif de base doit être composé d'au moins 3 formes géométriques différentes.

- Tu dois utiliser au moins 2 couleurs différentes.

4 Zachary veut lui aussi ajouter une frise aux murs de sa chambre. Il a dessiné le quart de son motif de base. Dessine le motif complet en effectuant d'abord une réflexion d'axe s_1, puis une réflexion d'axe s_2. Ensuite, ajoute 2 motifs complets à la frise.

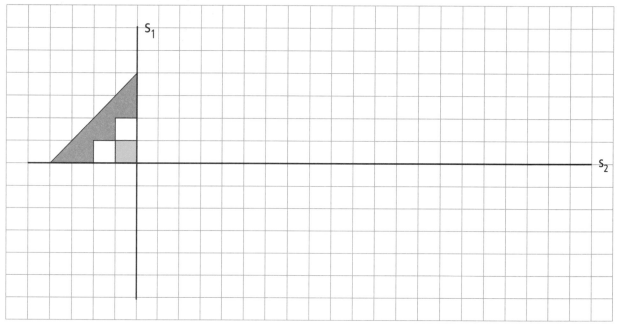

Thème 4 • Des édifices et des bâtisseurs

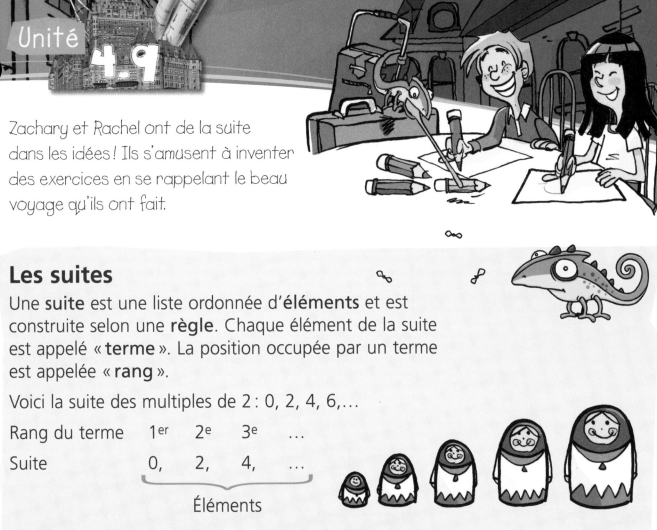

Zachary et Rachel ont de la suite dans les idées ! Ils s'amusent à inventer des exercices en se rappelant le beau voyage qu'ils ont fait.

Les suites

Une **suite** est une liste ordonnée d'**éléments** et est construite selon une **règle**. Chaque élément de la suite est appelé « **terme** ». La position occupée par un terme est appelée « **rang** ».

Voici la suite des multiples de 2 : 0, 2, 4, 6,…

Rang du terme	1er	2e	3e	…
Suite	0,	2,	4,	…

Éléments

Tu connais déjà plusieurs suites arithmétiques. Ainsi, 0, 1, 2, 3, 4, 5… est une suite. Chaque terme est « un de plus » que le précédent. C'est la suite des nombres naturels.

0, 5, 10, 15, 20… est une autre suite. Chaque terme est « 5 de plus » que le précédent. C'est la suite des multiples de 5.

Pour trouver la régularité ou la **règle** de la suite, l'important est de trouver le lien qui existe entre 2 termes consécutifs de cette suite.

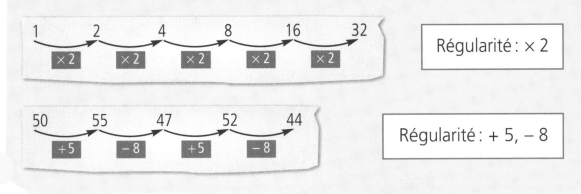

1 →(×2) 2 →(×2) 4 →(×2) 8 →(×2) 16 →(×2) 32

Régularité : × 2

50 →(+5) 55 →(−8) 47 →(+5) 52 →(−8) 44

Régularité : + 5, − 8

1 Trouve la régularité et ajoute 4 termes à chacune de ces suites.

a) 1524, 1531, 1538, _____

> Régularité : _____

b) 255, 251, 247, _____

> Régularité : _____

c) 798, 795, 799, 796, 800, _____

> Régularité : _____

Espace pour tes calculs :

d) 300 000, 30 000, 3000, _____

Régularité : _____

e) 1, 5, 3, 15, 13, _____

Régularité : _____

Espace pour tes calculs :

2 Ajoute les termes manquants dans les suites ci-dessous.

a) _____ , 3, 6, _____ , 12, _____ , 18, _____ , ...

b) _____ , 727, 734, 741, _____ , 755, ...

c) 5120, _____ , 5122, 5112, 5124, _____ , 5126, ...

Espace pour tes calculs :

3 On peut aussi représenter les suites à l'aide de figures géométriques.
Ajoute 3 éléments à ces suites.

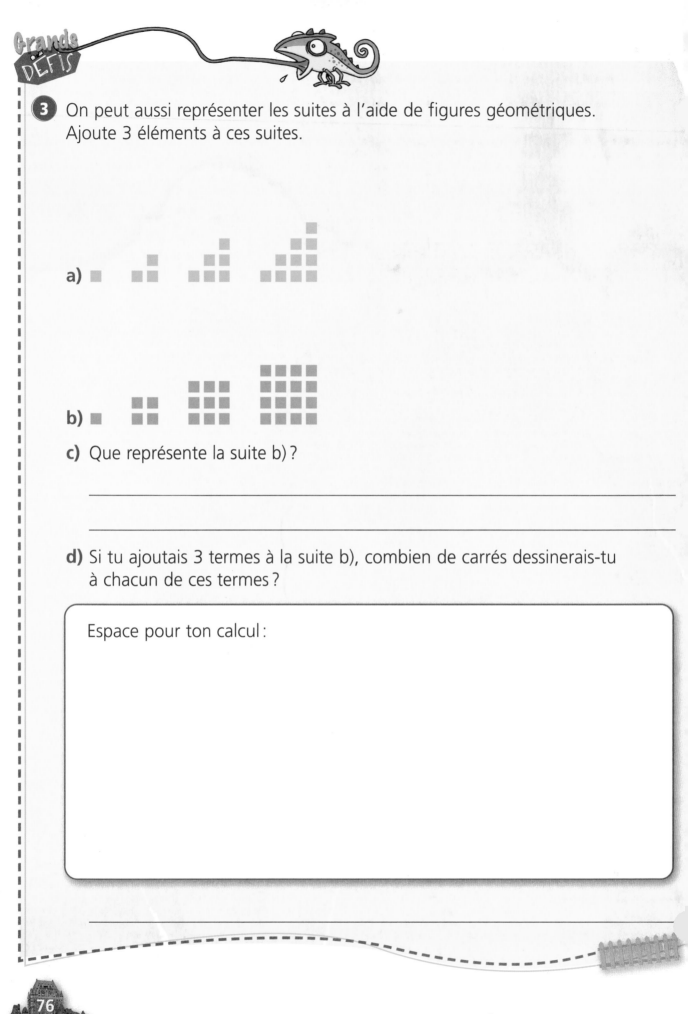

a)

b)

c) Que représente la suite b) ?

_____

_____

d) Si tu ajoutais 3 termes à la suite b), combien de carrés dessinerais-tu
à chacun de ces termes ?

Espace pour ton calcul :

4 Les pyramides sont construites selon une suite logique d'empilement de blocs. Voici un modèle simplifié d'une pyramide. Combien de blocs y aurait-il à l'étage se trouvant sous cette section de pyramide? Explique ta réponse.

Réponse complète : _____

_____

Une cabane d'oiseaux

Zachary veut construire une cabane d'oiseaux en assemblant de 5 à 12 modules cubiques ayant 5 cm de côté. Il doit les recouvrir d'un enduit non toxique vendu en pot de 120 ml. Un quart de pot couvre une face de module. Comme cette cabane sera accrochée à un arbre, toutes ses faces doivent être recouvertes pour être bien protégées. Chaque module coûte 3,25 $ et un pot d'enduit coûte 1,27 $ (taxes incluses). Aide Zachary à dessiner sa cabane et à remplir le bon de commande nécessaire pour acheter les modules et l'enduit.

Comprendre	
Ce que je sais	Ce que je cherche

Résoudre

Démarche

Mme L'Alouette
364, rue des Goglus
Ville-de-l'Eider, Québec

BON DE COMMANDE			
Quantité	Article	Prix unitaire (en $)	Total (en $)
		Prix total	

Une cabane d'oiseaux

Résoudre
Démarche

As-tu vérifié ta démarche ?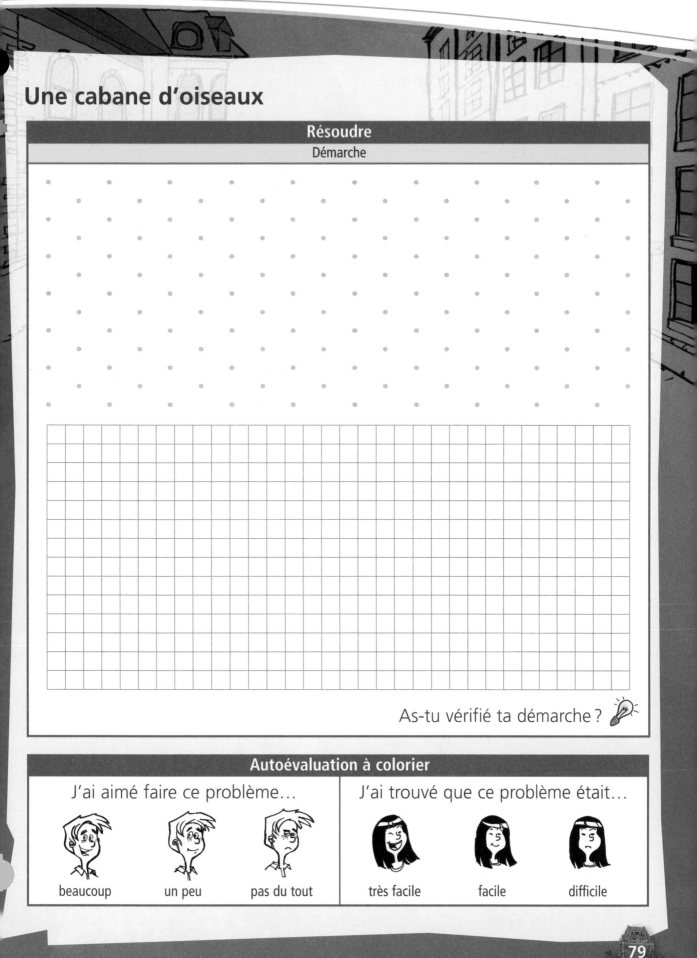

Autoévaluation à colorier

J'ai aimé faire ce problème…			J'ai trouvé que ce problème était…		
beaucoup	un peu	pas du tout	très facile	facile	difficile

Situation-problème

- ## Le diagramme à pictogrammes
  - C'est une représentation imagée et significative de la variable étudiée.
  - Le nombre de pictogrammes dépend de la taille des effectifs.

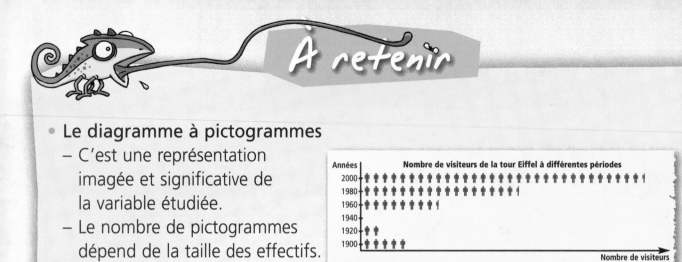

- ## La preuve par 9
  Addition, soustraction, multiplication : la somme, la différence ou le produit des racines numériques est égal à la racine numérique du résultat.

Nombres	Racines numériques
56 × 4 ——— 224	2 × 4 ——— 8
2 + 2 + 4 = 8	

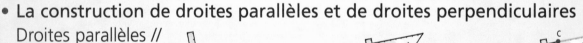

- ## Les nombres entiers
  Ce sont des nombres entiers qui peuvent être positifs ou négatifs.
  L'ensemble des nombres entiers = {…, –3, –2, –1, 0, 1, 2, 3,…}

  – 15ºC

- ## La construction de droites parallèles et de droites perpendiculaires
  Droites parallèles //

  Droites perpendiculaires ⊥

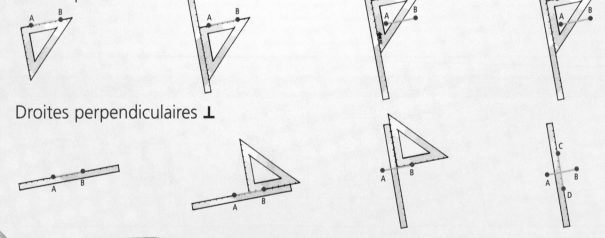

- **Le périmètre**

  C'est la mesure du contour d'une figure géométrique plane et fermée.

  Périmètre = 5 cm + 5 cm + 3 cm + 3 cm
  $\quad\quad\quad$ = 16 cm

  5 cm

  3 cm $\quad\quad\quad\quad\quad\quad\quad\quad$ 3 cm

  5 cm

- **L'aire**

  C'est la mesure de la surface d'une figure plane fermée.

  Aire = 10 carrés-unités

- **Le volume**

  C'est la mesure de l'espace en 3 dimensions occupé par un solide.

  $\square$ = 1 cube-unité

  Volume = 64 cubes-unités

  hauteur

  ← longueur → largeur

- **La frise**

  C'est une bande continue sur laquelle se répète un motif.

  Motif

- **Les suites**

  C'est une liste ordonnée d'éléments suivant une règle.

  La suite des multiples de 2 : 0, 2, 4, 6,...

Rang du terme	1er	2^e	3^e	...
Suite	0,	2,	4,	...

  Éléments

  Régularité : + 2

GLOSSAIRE

Aire Mesure d'une surface plane fermée.

Axe horizontal Axe des *x* ou des abscisses dans un plan cartésien.

Axe vertical Axe des *y* ou des ordonnées dans un plan cartésien.

Centimètre Unité de mesure de la longueur représentant 0,01 mètre.

Commutativité Propriété permettant de modifier l'ordre des nombres d'une opération mathématique sans en changer le résultat. L'addition et la multiplication sont des opérations commutatives.

Diagramme à bandes Diagramme dans lequel des données qualitatives sont représentées par des bandes horizontales ou verticales.

Diagramme à pictogrammes Diagramme composé de figures significatives représentant les valeurs de la variable statistique considérée. Ces figures représentent les effectifs des quantités de chaque catégorie.

Données qualitatives Données ne pouvant être associées à des valeurs numériques.

Fraction Nombre désignant une partie d'un tout ou d'une collection. La fraction est constituée d'un numérateur et d'un dénominateur.

Frise Surface plane formant une bande continue sur laquelle un motif se répète de façon ordonnée et régulière.

Largeur Mesure de la plus petite dimension d'un rectangle.

Longueur Grandeur servant à mesurer l'étendue d'un objet, d'une distance ou d'un segment d'une extrémité à l'autre. Mesure de la plus grande dimension d'un rectangle.

Mètre Unité de base de mesure de la longueur.

Millimètre Unité de mesure de la longueur représentant 0,001 mètre.

Motif de base Dessin se répétant et servant de base à l'élaboration de la frise.

Nombre décimal Nombre dont l'écriture comporte une partie entière et une partie décimale comprenant une suite finie de chiffres placés à droite de la virgule.

Périmètre Longueur totale de la ligne qui délimite le contour d'une figure plane fermée.

Pourcentage Comparaison de deux grandeurs ou quantités de même nature, exprimée à l'aide de « pour cent » et dont le second terme est 100.

Rang Position occupée par un terme dans une suite.

Règle Relation mathématique existant entre les termes et permettant de concevoir une suite.

Suite Liste ordonnée d'éléments ou de nombres soumise à une règle.

Superficie Mesure d'une surface plane fermée dans le cas de grandes surfaces.

Terme Chacun des éléments d'une suite.

Volume Mesure de l'espace à 3 dimensions (longueur, largeur et hauteur) qu'occupe un solide.